历史的丰碑丛书

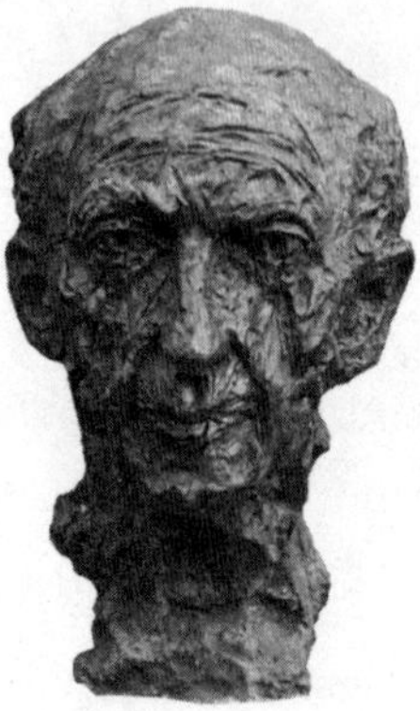

文学艺术家卷

不断超越的艺术大师
毕加索

马 录 编著

吉林人民出版社

图书在版编目(CIP)数据

不断超越的艺术大师——毕加索/马录编著.--长春：吉林人民出版社，2011.4（2021.8重印）
（历史的丰碑丛书）
ISBN 978-7-206-07627-5

Ⅰ.①不… Ⅱ.①马… Ⅲ.①毕加索，P.R.（1881～1973）—生平事迹—青年读物②毕加索，P.R.（1881～1973）—生平事迹—少年读物 Ⅳ.① K835.515.72-49

中国版本图书馆 CIP 数据核字(2011) 第 037524 号

不断超越的艺术大师 毕加索
BUDUAN CHAOYUE DE YISHU DASHI BIJIASUO

编 著：马 录
责任编辑：李沐薇　　　　封面设计：孙浩瀚
制 作：吉林人民出版社图文设计印务中心
吉林人民出版社出版 发行（长春市人民大街7548号 邮政编码：130022）
印 刷：北京一鑫印务有限责任公司
开 本：787mm×1092mm　1/16
印 张：8　　　字 数：72千字
标准书号：ISBN 978-7-206-07627-5
版 次：2011年4月第1版　　印 次：2021年8月第2次印刷
定 价：35.00 元

如发现印装质量问题，影响阅读，请与出版社联系调换。

编者的话

"欲知大道,必先为史"。

回溯人类的足迹,人们首先看到的总是那些在其各自背景和时点上标志着社会高度和进步里程的伟大人物。他们是历史的丰碑,是后世之鉴。

黑格尔说:"无疑,一个时代的杰出个人是特性,一般说来,就反映了这个时代的总的精神。"普希金说:"跟随伟大人物的思想是一门引人入胜的科学。"

以史为鉴,面向未来。作为21世纪的继往开来者,我们觉得,在知史基础上具有宽广的知识结构、开阔的胸襟和敏锐的洞察力应是首要的素质要求,而在历史的大背景

◆ 历史的丰碑丛书

中追寻丰碑人物的思想、风范和足迹，应是知史的捷径。

考虑到现代人时间的宝贵，我们期盼以尽量精短的篇幅容纳尽量丰富的信息，展现尽量宏大的历史画卷和历史规律。为此，我们编撰了这套丛书。

编撰丛书的过程，也是纵览历代风云、伴随伟人心路、吸收历史营养的过程。沉心于书页，我们随处感受着各历史时期伟大人物所体现的推动历史进步的人类征服力量。我们随着伟人命运及事业的坎坷与辉煌而悲喜，为他们思想的深邃精湛、行为的大气脱俗而会意感慨、拍案叫绝。

然而，在思想开始远游和精神获得享受的同时，我们也随之感受到历史脚步的沉重

编者的话

　　和历史过程的曲折。社会每前进一步都是艰难的，都伴随着巨大的痛苦和付出。历史的伟大在于它最终走向进步，最终在血污中诞生了鲜活的"婴孩"。

　　历史有继承性和局限性，不能凭空创造。伟人也有血肉，他们的思想、行为因此注定了同样具有历史的局限性和阶级的、时代的烙印；他们的功业建立于千千万万广大人民群众伟大创造的基础上。历史是人民群众创造的，伟大的人物们是历史和时代造就的。同时，我们也无法否定此间他们个人的努力。这也正是我们编撰这套丛书的目的。

　　我们期盼着这套丛书得到社会的认同，对读者，特别是青少年读者之历史感、成就感和使命感的培养有所裨益。史海浩瀚，群

◆ 历史的丰碑丛书

星璀璨。我们以对广大青少年读者负责的精神，精心遴选，以助力青少年成长进步，集结出版了《历史的丰碑》系列丛书，敬请读者批评、指正。

历史的丰碑丛书

编委会

策　划：胡维革　吴铁光
　　　　　林　巍　冯子龙
主　编：胡维革　邢万生
副主编：贾淑文　谷艳秋
编　委：（按姓氏笔画为序）
　　　　　于二辉　刘士琳
　　　　　刘文辉　孙建军
　　　　　李艳萍　吴兰萍
　　　　　杨九屺　隋　军

帕布洛·毕加索是现代西方艺术史上最有影响的一位画家。可以毫不夸张地说，毕加索的一生浓缩了近百年来西方艺术发展的奥秘，从现实主义、表现主义、立体主义、超现实主义到新古典主义。毕加索在92年的生命历程中经过并创造了现代艺术史上最具魅力的艺术流派。今天它们依然渗透在艺术创作的角角落落，与我们朝夕相伴。

毕加索的伟大也体现了现代人类艺术的精神内涵，有人称他是"艺术王国中的创造力量和破坏力量的综合体"。毕加索一方面不断学习并创造新的画风，一方面又不断地否定自己，在艺术创作的道路上永不自满。与此同时，毕加索还是一位精力充沛的和平战士，在动荡的岁月里始终关心祖国的命运，把笔伸向现实，画下了老百姓的悲欢离合，放飞那只纯洁可爱的"和平鸽"。因此，毕加索本人和他的作品不论在艺术界还是在人民心中永远常青。

目 录

美丽的童年 ◎ 001

在巴塞罗那 ◎ 015

塞纳河畔 ◎ 027

从《亚威农的少女》开始 ◎ 035

爱情与艺术的洪流相伴 ◎ 045

愤怒的毕加索 ◎ 059

放飞和平 ◎ 069

晚年 ◎ 081

张大千会晤毕加索 ◎ 097

毕加索逸闻趣事 ◎ 102

主要生平 ◎ 111

历史的丰碑丛书

不断超越的艺术大师　**毕加索**

美丽的童年

　　美是一种心灵的体操——它使我们的精神正直、心地纯洁和信念端正。
　　　　　　　　　——苏霍姆林斯基

　　直布罗陀海峡东北约100公里是西班牙的港口城市——马拉加,地中海西端从这里逐渐变得狭窄起来,最终在直布罗陀海峡收拢成一个地理位置十分显要的海上通道,加之它的北面有安达卢西亚山脉做屏障,在冬季免遭北方寒风的袭击,气候宜人,四季常青,使马拉加成为地中海沿岸一个重要港口。在这里经常有来自各国的旅行者,市中心著名的梅尔塞德广场上一队队鸽群飞来走去,梧桐树下男女老少在交谈着什么。1881年10月25日夜晚,毕加索就出生在这里。

　　当时,接生婆误认为婴孩是个死胎,把他扔在桌子上不管,只顾照料孩子的母亲,多亏孩子的一位叔父唐萨瓦尔医生当机立断,才把刚出生的毕加索从窒息状态中抢救过来。尽管如此,孩子的出生仍然给全家带来了欢乐,孩子的父亲唐·霍塞和母亲玛丽亚·

← 毕加索

毕加索在孩子出生的第三天，便到市政局注册，给孩子取了个长长的名字：帕布洛·狄哥·霍塞·弗朗西斯科·德·保拉·璜·尼波木切诺·西伯里安诺·

不断超越的艺术大师 **毕加索**

→毕加索出生地

德·拉·山迪西马·特里尼达。这个名字按照西班牙人的传统，包括了孩子的父亲和教父、教母的家姓。但是不久以后，唐·霍塞发现自己的姓实在太普通了，所以在孩子的姓名中又加上了母亲的姓——毕加索。从此以后，孩子的全名便成为：帕布洛·路易斯·毕加索。

唐·霍塞是一个又高又瘦的男人，端正的脸上稀稀疏疏地长着黄麻色的胡子，当地的居民都非常熟悉这位美术教师兼画家。他当时在一所美术学校任素描教师，同时兼任市立博物馆的馆长，在博物馆里唐·霍塞给自己开辟了一间简陋的画室。毕加索从会走路时起就经常在那里看父亲画画，知道了西班牙以及国外的许多名画家以及他们的作品。给毕加索留下印象

文学艺术家卷 003

最深的是父亲画的一幅巨大的油画,长大以后毕加索曾描述画中那个大鸽子笼里有成百成千成百万的鸽子,其实那个鸽笼里只画了9只鸽子。

无疑,毕加索从那时起就从绘画中得到了很大的乐趣,他常常用惊奇的目光注视着父亲手里那只神采飞扬的画笔。话都还不会说的时候,小毕加索就已经知道怎样用画画来表达自己的要求。他画一个螺纹形,就表示想要那个"长长的、扭扭的、蘸糖的、西班牙街头巷尾随处叫卖的热甜饼"。对于一个小小孩童来说,能用绘画的方式表达出他的愿望真是不可思议。他在刚刚学说话时,发出的第一个音节就是"匹兹"(piz),而且"匹兹""匹兹"地叫个不停。原来在西班牙语中,piz是Lapiz的缩音,Lapiz即是"铅笔"的意思。

唐·霍塞为孩子的聪明伶俐而高兴,他发现毕加索有点固执的脾性中具有敏锐的观察力和构思能力,他可以用一种自己头脑中构想出来的图形比喻一件事物。当唐·霍塞作画时,小毕加索在一旁也拿起画笔在爸爸给他玩的纸上涂画。有一次,他随便涂画出一张类似阿拉伯式图案的装饰画,对爸爸解释说,那是他爱吃的甜蛋糕。

除了画画,唐·霍塞经常带毕加索去看斗牛。对

不断超越的艺术大师　**毕加索**

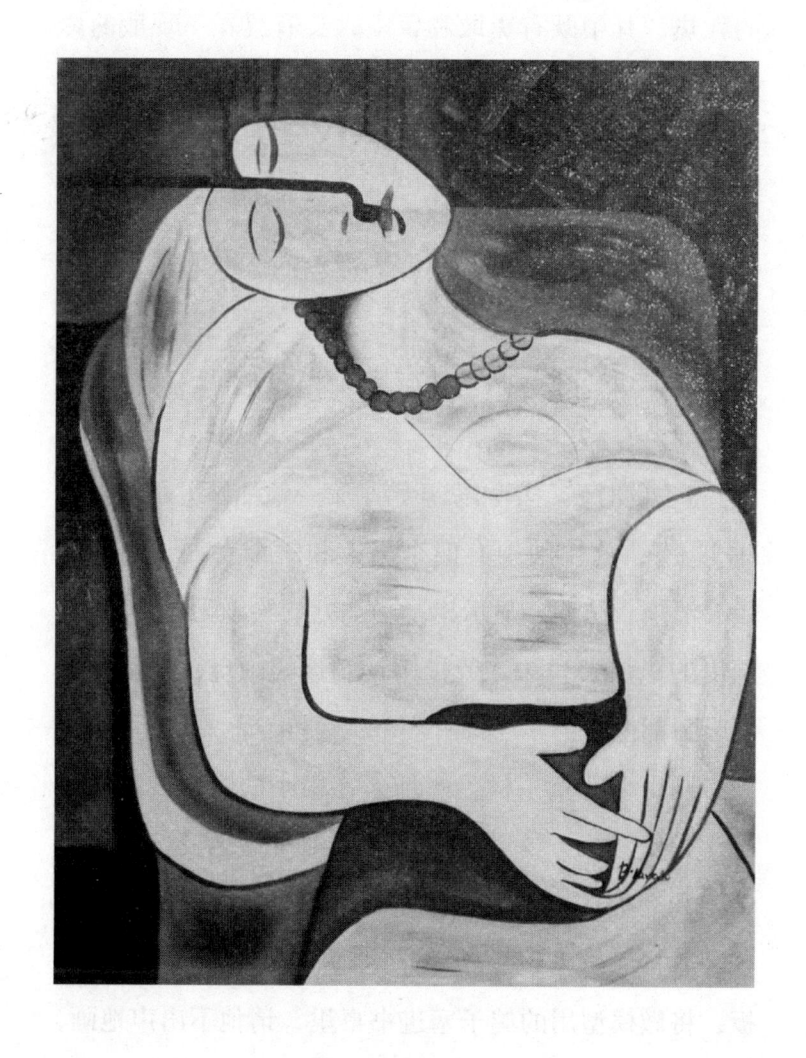

西班牙人来说，斗牛场是人生的缩影。不论是斗牛士还是斗牛场边的观众，都可从斗牛场中引发他们瞬间的狂热，其中既有勇敢和冒险，又有昙花一现般的虚荣。

父子俩也经常到海边散步，迎着温润的海风，遥望地中海彼岸的非洲大陆，讲述那里的绿色森林和黄色的沙漠，倾听擦肩而过的流浪艺人吹奏的阿拉伯游民的笛声和吉卜赛人的歌声。

以上这一切都成了日后毕加索笔下的一幅幅优秀作品的内容。

8岁的时候，毕加索开始画第一幅油画《马背上的斗牛士》，这幅画中有两个男人和一个女人，画面明快、清晰、协调，显示出了毕加索的绘画天才。后来，调皮的毕加索和妹妹劳拉用针刺这幅画玩，把画中人的眼睛都挖空了。

同很多儿童一样，毕加索在很小的时候就被送进了学校去读书。在学校里他对绘画的兴趣超过其他，父亲和老师在检查他的作业本时总会发现其中夹杂着各种各样的画。以至于后来老师答应他可以打开书桌板，将做模型用的鸽子塞进书桌里，请他不出声地画，以免影响别人上课。

毕加索有着惊人的绘画天赋，但小时候在要求循

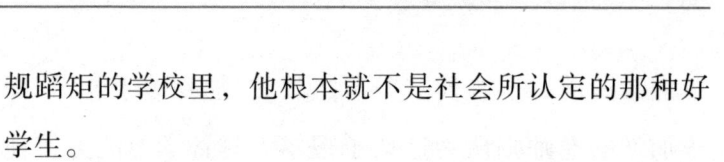

规蹈矩的学校里，他根本就不是社会所认定的那种好学生。

对毕加索来说，上学就是一种磨难，这个好动的孩子，对遵纪守法深恶痛绝，而对于需要不断创新的绘画来说，背叛传统、不屈服传统的精神则显得非常可贵。

随着每天的上课铃一响，毕加索那难以忍受的煎熬就开始了。一个小时对他来说是那么长无止境，没完没了，老师滔滔不绝地讲课，对毕加索来说无异于噪音。有时，他目光呆滞，对周围似乎毫无反应，他的精神在稀奇古怪的幻想天地里遨游。有时，实在忍受不了，他会随时在课堂上站起来，走到窗前敲敲玻璃，满心希望学校对面的姑夫安东尼把自己解放出来。

就这样，上了两年学，小毕加索根本就学不会最简单的算术题，更谈不上读书了。毕加索的注意力太分散了，他后来回顾道："一加一等于二，二加一等于……我脑子里根本就没去想。老师认为我没有努力，我当时也拼命想集中自己的注意力。我常常这样对自己说：现在我要集中注意力了，咱们瞧着就是。二加一等于……一点钟……啊！不对。"

由于毕加索在学校的表现，他常常被同学讥诮为"呆子"。有时一下课，同学们就走到依旧呆呆发怔的毕加索面前,逗弄他:"毕加索,二加一等于几?"而毕加索的老师则认为这孩子根本不具备学习能力,他的智商太低了。毕加索的老师多次跑到他的父母面前,绘声绘色地描述毕加索的"痴呆"症状。为此,毕加索的母亲又羞又恼,十分难过。

　　本来镇上的人们对毕加索的天赋大为惊异,现在他们则一反常态。要知道,天才肯定具有极高的智商,因而小毕加索根本就不是天才,单有绘画才能有何用处,他的父亲唐·霍塞不就是一个郁郁寡欢的小画家吗?他连自己的家都养活不了!在本镇多数人看来,

写写画画的人不是性格乖张，就是吊儿郎当之徒。

整个社会似乎已有公论：毕加索是一个傻瓜。面对来自社会的讥嘲与蔑视，霍塞绝不随波逐流，这不仅仅源自舐犊之情，而是他认为只有他才真正理解与赏识孩子。如果从世俗的眼光来评价一个孩子，那么父母亲极易为流俗所左右，而缺乏对孩子的独特的发现与认识。霍塞坚持自己的意见：毕加索读书不行，绘画却极有天赋。事实上，我们在教育孩子时，多少人是以他人的眼光来认识儿子的，又是以社会的标准来要求孩子的，他们总喜欢拿自己的孩子与同龄的孩子相比较，从而得出貌似客观的评价。

这时，为了掩饰自己学习上的落后，毕加索总是毫不费力地绘出才华横溢的图画，企图以此来躲避他所学不会的东西。然而，不论怎样，嘲讽来得更猛烈了，小毕加索脆弱的心灵蒙上了阴影，他变得不爱说话，成天蔫头耷脑。

为了抚慰儿子受伤的心灵，拉近父子之间的感情距离，霍塞开始坚持每天都送儿子去上学，到了教室里，他把带来的画笔、用作模特的死鸽标本放在课桌上。既然儿子读书不行，就不要勉强，相反过分强迫儿子去学习文化，最终会把儿子的绘画天赋也扼杀了，霍塞这样想。

有了父亲的支持,毕加索每天都沉浸在形象的天地里。课堂上,他对功课不闻不问,却对绘画有着过人的颖悟与表达,只有在挥毫作画之际,毕加索才能找到自己的快乐。

这段时期,霍塞成了儿子强有力的心理依靠,似乎离了父亲,毕加索根本没有勇气去面对生活。每天上学,必须在得到父亲会来接他回家的承诺后,毕加索才会松开父亲那温暖的手。

作为坏学生,在学校关禁闭已成了毕加索的家常便饭。禁闭室里只有板凳和白色的墙壁,这样关禁闭便像过节一样使毕加索乐不可支。因为他可以带上一叠纸,在那儿没完没了地作画。直到傍晚,父亲在夜幕降临之前接他回家。霍塞从来不会因此粗暴地责骂儿子,他知道儿子在坚持不懈地追求自己的艺术,儿子关禁闭时丝毫没有忘记绘画,有什么理由去斥责他呢?

毕加索在父亲的影响下,重新恢复了自信,终于渡过这段难熬的时期。作为父亲,霍塞坚信自己的儿子能成功,他果然得到了最好成绩的回报。

1891年,唐·霍塞被任命为拉科鲁尼阿省立美术学院的人物画和装饰画教授,毕加索一家迁居到在西班牙版图上与马拉加遥相对应的拉科鲁尼阿。这里和马拉加一样美丽,比斯开湾的海岸线由此向东延伸,大西洋汹涌的波涛时涨时落。在这里，一家人举目无亲，唐·霍塞唯一的乐趣是教学之外在家里安静地画画或者透过窗户凝望窗外稀稀落落的雨景。

毕加索在这里也有更多的时间来绘画，在父亲的指点下，他的画艺突飞猛进，越来越显示出他独特的构思能力。在他的作业本里，人们经常能看到似是而非的绘画式的数学计算题："0"圆得像鸽子的眼睛，"0"的下面是"6"，"6"的下面是个"3"，鸽子有两只眼睛和两只翅膀。两只脚则放在用直线代表的桌子上，直线下面是数字的总和。而在另一幅草图上，有两个站在一起的人，一个是滑稽的笨汉，身穿农民衣服，头戴宽边帽子，手拿拐杖；另一个身材矮小，但他那显得幼稚的脸异常宽大。画中高个子的两只眼睛用"8"画成，而矮个子的眼睛以"7"代表，其他部分中还包括"1"到"9"全部数字，其中一个"7"画得很大，按照欧洲大陆各个国家的写法，中间加上一划，"7"便被充当作眉毛和鼻子的线条。

此外，毕加索经常勾画周围的人和物。他的主题有入港的渔船、海滩上的一家人、岩石重叠的海角上的罗马式灯塔。他最喜欢的人物模特是妹妹劳拉。同时，毕加索还为父亲的一些朋友画肖像，这其中包括西班牙第一共和国政府的一个部长，油画上那位老政

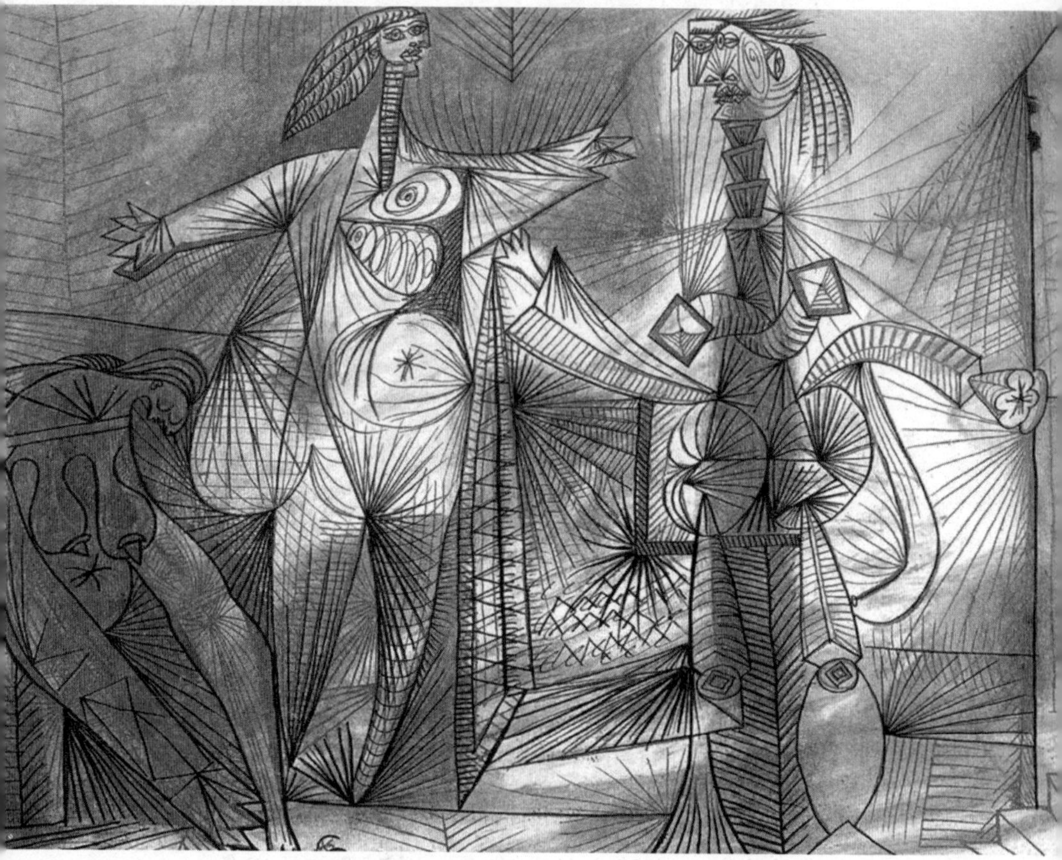

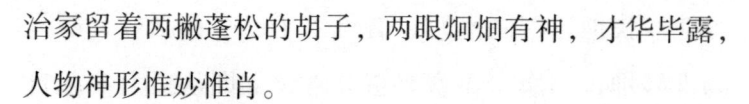

治家留着两撇蓬松的胡子，两眼炯炯有神，才华毕露，人物神形惟妙惟肖。

给人印象最深的是，在拉科鲁尼阿毕加索所画的一幅描绘一个蓬发赤足的年轻姑娘的油画：姑娘坐在普通的墙壁面前，两只乌黑的大眼睛天真无邪，肩膀上披着条不太干净的围巾，赤裸着两只脚，以及周围简朴的环境都表明她家境贫寒。她的手脚是粗糙的，与她天真的目光以及匀称的面庞和忧郁的表情形成对比，尤其那夸张的粗大脚踝说明了她生来就是一个过穷日子的苦命人。她那双每天与繁忙劳动相伴的畸形的脚注定了她未来的命运。从这幅画上，毕加索继承了委拉斯贵兹和哥雅这些西班牙大画家的传统，用他纯真的眼睛反映现实生活中的人，并以他独特的创作思维从整体到细节生动、准确地表达作者对这位下层贫穷姑娘的同情。这幅引人入胜的作品感动了周围的许多人，也成为毕加索本人的得意之作，直到老年，毕加索一直把它保存在身边。

唐·霍塞从这些作品中发现了儿子的天赋，于是，他开始叫毕加索帮他完成作品中的某些部分。一天傍晚，外面下着雨，唐·霍塞安排儿子画静物画中死鸽子的脚，便出去到林荫道上散步。路上行人往来，白色的蔓萝花香气四溢，唐·霍塞郁闷的心情为之一扫。

当他愉快地返回画室时，看见鸽子已全部画好，两只脚惟妙惟肖。唐·霍塞兴奋异常，立即从桌上拿起自己的调色板、画笔和颜料，交给14岁的毕加索，称赞儿子的能力已经超过了自己，并宣布从此不再画画。

唐·霍塞的鼓励与对自己前途的失望同时激发了敏感的毕加索的心。他除了拿起父亲的画笔不断作画之外，第一次把他的几幅画拿出去挂在商店里销售。尽管他的作品从现在看来已经很不错了，当地报纸也登了一则简短的广告，但内行人听说画家只是个14岁的孩子，便无人问津。最后脱手的几幅油画是毕加索把它们当作礼物送给了一位朋友。

这一切并不影响毕加索的兴趣，绘画就如维持他生命的水一样渗透到他的全身。在离开马拉加的4年里，他自办了一份只给家乡亲人看的书信式的画报，并自任这份画报的经理、编辑、美术编辑和记者，用他那双好看的小手传递感情。他在这份画报上画了各种刊头和图画，其中有描绘拉科鲁尼阿恶劣天气的：男人和女人们挤在一起，雨伞和裙子在暴风雨中飞舞，下面的文字说明是"狂风吹起，不刮得拉科鲁尼阿飞上九天云霄绝不罢休"；另一幅画中一群孩子手拿刀子正在大打出手，吓得几个老头头顶上的三角帽飞上了天，这幅画下顽皮地写着"顽童造反"。

在巴塞罗那

> 因为真理是灿烂的，只要有一个罅隙，就能照亮整个田野。
>
> ——赫尔岑

1895年，毕加索一家启程北行，随已经在巴塞罗那美术学校任职的唐·霍塞前往巴塞罗那。途中，他们在故乡马拉加度过了一个愉快的暑假。大约在七八月间，全家人在经过首都马德里时做了短暂的停留。唐·霍塞急急忙忙地领儿子参观了普拉多博物馆。

在普拉多宽阔而堂皇的大厅和走廊里，唐·霍塞向毕加索介绍了西班牙人引以为自豪的哥雅埃尔·格列柯、楚尔巴兰、委拉斯贵兹等名画家的生平和作品。在唐·霍塞的心中，他一直希望也相信此时正专注地欣赏大师们名作的儿子的作品有朝一日也能悬挂在这里。

9月间，毕加索一家人途经西班牙东海岸几乎所有的港口到达巴塞罗那。当时的巴塞罗那有100万居民，毗邻法国，使它成为和法国马赛港一样著名的经济、

←毕加索

旅游、文化中心。外来的信息和文化使这里比西班牙的其他城市显得开放得多。"现代主义"的思想浪潮在这里异常高涨，咖啡馆、酒店、饭馆里打着阔领带的诗人、作家、哲学家挥舞着手中的文明手杖高喊着尼采和陀思妥耶夫斯基的词句以及巴枯宁和克鲁包特金的言论，企图打破一切传统和清规戒律。

　　毕加索一家在旧城区租到了房子，街面上很安静，但转过路口，便是马车、火车和渔民以及川流不息的帆船，他们又一次住在了海滨。这里离美术学校很近。由于唐·霍塞在校任职，毕加索获准跳过初级班直接

不断超越的艺术大师 **毕加索**

进入高级班插班考试。原定为一个月的考试,毕加索只用一天工夫就完成了,并且成绩斐然,使阅卷的考官们立刻感觉到自己是第一次也是最后一次遇见如此令人惊讶的"神童"。

毕加索非常适应巴塞罗那的生活,很快就为周围的环境所感染。和父亲走在大街上,他生龙活虎、顾盼神飞的表情总是和父亲严肃而伤感的面孔形成鲜明的对比。在课堂上他更加缺乏那种一天就反反复复描摹一个建筑物细部或一小片叶子的耐心,经常跑到城市的各个地方去写生,他尤其喜欢丘拉德公园里的花草、鸟禽和绿荫。这一时期他的风景画达到新的水平,远远超过同班同学。

1896年至1897年,毕加索决定画一套富有现代派色彩的画,然后拿到大型展览会上展出。经过父亲的同意,他选中了3个题材:《唱经班的男孩》《第一次圣餐》和《科学与仁慈》。其中《第一次圣餐》于1896年4月于巴塞罗那市美术展览会上展出,标价1500比塞塔。事后当地一位评论家在《巴塞罗那日报》上评论这幅画人物富有感情,线条明快。

在画《科学与仁慈》时,唐·霍塞已经为儿子在家里单独开辟了一间画室。这幅画所表现的内容是一位正在患病卧床的母亲,她憔悴的脸上凸出一对失神的眼睛,直盯着护士怀中的孩子。这位病入膏肓的母亲在生命垂危之际关心的仍然是自己的孩子,显示了伟大的母爱,而坐在另一侧搭脉的老医生则集中了"科学与仁慈"于一身。

这幅画明显地沾染了当时由莫奈开创的"印象派"的画风,画中略带夸张的大色块和丰富多变的光线把瞬间人物形态和表情定格在一种整体氛围中。而与印象派不同的是,毕加索在这里没有附和印象派"不关心主题思想"的主张,表达了毕加索对人民疾苦的同情和画家应有的责任感。从一开始就显现出他不同寻常的独立精神。

1897年秋天,毕加索在叔叔萨尔瓦多的帮助下来到首都马德里,由于《科学与仁慈》就在那年在马德

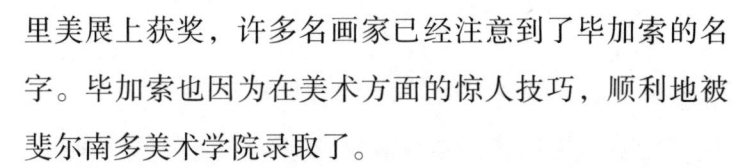

里美展上获奖，许多名画家已经注意到了毕加索的名字。毕加索也因为在美术方面的惊人技巧，顺利地被斐尔南多美术学院录取了。

父辈们视毕加索为同侪，同学游伴们视之为"所有天赋集于一身"，而毕加索却对自己未来的前途抉择不定。他不知道自己是应该画反叛传统的画作，还是应该画那些能博得展览会大奖的巨幅经典画作。毕加索有时候也沉浸在名利梦里，幻想着有朝一日能平步青云。更多的时候他一心沉浸在自己的作品里，相比之下，别的都不那么重要了。毕加索接连画了两幅自画像：一幅短短的头发，正凝神思索，未脱稚气而有些迷茫；另一幅像是18世纪的贵族形象，庄重而矜持，戴着浅色假发而略显孤傲。

这次，毕加索是第一次离家远走，单独住在简陋的住所里，在经济来源拮据的地方努力画画。

16岁的毕加索仍然不满意僵硬的"学院派"画风，不顾学院的清规戒律三天两日地跑到普拉多美术馆重温当年与父亲在这里一同欣赏名作的乐趣，他甚至把这里当作比在斐尔南多美术学院更合适的学习环境。这时候，毕加索不仅感到美术界流行的风气与他的愿望格格不入，就连家庭所寄予他的种种期望——获得荣誉、学位、当官、光耀门庭都成了一种沉重的负担。

毕加索比同龄人显得更为早熟，一头乌黑的头发下乌黑的眼睛里透着洞察一切的亮光。在寒冷的冬天坚持去普拉多美术馆复制名画。天气稍微暖和一些就到户外写生，在短短的几个月时间里就完成了5本马德里街景的写生日记。而与此同时，由于他总是不肯安静地在学院里学习，违背了家人的希望，萨尔瓦多叔叔切断了对他的经济援助。毕加索在得了一场大病后，在19世纪最后一年的春天，返回巴塞罗那。

这时，毕加索已经18岁了，完全成了一个大小伙子。他拒绝再回斐尔南多学院读书，开始独立从事创作活动。在他的眼里，他的创作题材不在学院课堂上凝固着的描摹对象上，巴塞罗那的一切：昼夜繁忙的港口，缠绵悱恻的歌声四处荡漾的酒吧，充满异国风

不断超越的艺术大师 **毕加索**

情的"唐人街",音乐厅里围着绣花围巾的姑娘等都成了他取之不竭的创作源泉。

在毕加索回来之前,巴塞罗那由一些青年艺术家们组成了一个文艺沙龙,因为他们经常聚集于"四只猫咖啡馆",而被人们称为"四只猫俱乐部"。他们中间有作家、诗人、雕塑家、画家、记者与评论家,他们怀着各自的愿望一起探讨创作道路,争论各种艺术手法。毕加索是他们中间最年轻的一个,但他并不像其他人那样狂热地追求功名,而是闪烁着异样的"智慧之光",他那奔放有力的线条、出人意料的笔法使比他大20多岁的画家也自叹弗如。因此他在"四只猫咖啡馆"的朋友中建立了相当高的威信。

但与此同时,毕加索与家人的隔阂日见加深,母亲劝他不要跟"四只猫俱乐部"的人来往,而唐·霍

塞对儿子所追求的那种反传统的画风也不能理解。毕加索决定离开巴塞罗那到巴黎去施展自己的才华。临行前,他曾给自己画了一副肖像,以年轻人特有的方式表达了他的喜悦,在眉毛上连写3遍"我是天下第一"。

1900年2月1日,毕加索首次在"四只猫"举办个人画展。这次画展由他的艺术圈子共同策划。毕加索故意选了卡萨斯最擅长的作品风格,大部分是人物肖像画——卡萨斯就是因肖像画而久负盛名的。然而在巴塞罗那这次画展反响平平。《先驱报》上发表了一篇未署名的评论,说毕加索的作品"素描和上色非常老练"却"不均匀",毕加索本人"缺乏经验,漫不经心"。

毕加索此刻更加向往巴黎了。他连月来孜孜不倦地阅读"四只猫"里的法国艺术期刊,琢磨着斯泰伦和劳特雷克的作品和绘画技法。毕加索给"四只猫"画的招贴广告中,他展开想象力杜撰了一个闲情逸致的世界,在那里有高高的礼帽,纽扣孔里佩戴着鲜花,这个世界正是毕加索向往的乐土。"四只猫"的老板非常喜欢这招贴画里的无尽悠闲,于是把它用作菜单。

毕加索脑子里满是巴黎梦。出发那天,父亲和母亲赶到车站送行。而对毕加索来说,他最重要的告别仪式时画一幅自画像，下面题着"我即是王"，代表自己天命所归。毕加索视这自画像为护身符，在生平第一次离开西班牙之后一直保佑他无灾无邪。

巴黎之行是毕加索第一次出国，启程时离他19岁生日只差几天。此行虽然只有短短的两个月，但意义极为重大。巴黎那种自由的艺术空气使他后来在那里度过了大半生。

相关链接

巴塞罗那"四只猫"咖啡馆

"四只猫"是巴塞罗那的一个咖啡馆,,是艺术家拉蒙·卡萨斯·卡尔沃和佩雷·罗梅乌在1897年开的,店名的意义很简单也很谦逊,出自一句西班牙的谚语,"四只猫"通常被用来形容很少有人光顾的地方。然而在今天,因为毕加索早年曾混迹于此,并举办过首次个展的缘故,这家咖啡馆不仅门庭若市,更成为现代艺术史考据的一大重地。值得一提的是,它的第一份菜单就是由年轻的毕加索设计的,此后,一个穿大衣摆的浪荡男子在此喝咖啡的画面就成为四只猫餐厅延续到今日的菜单封面。餐厅内室大厅今日仍挂着毕加索当年画展的复制品画作,与专门收藏大师早年创作的毕加索美术馆遥相呼应。内部的陈设与装潢让人仿佛回到巴塞罗那的黄金年代。20世纪初,这里聚集着崇尚自由波西米亚的人和文人雅士,其中包括著名的毕加索、达利、米罗、高第、罗卡等人,而如今四只猫餐厅最重要的资产,竟是这些文人雅士当时在此喝咖啡时，留下的草稿及涂鸦。

"四只猫"是茶话会遗产的继承者，巴塞罗那艺术家的聚集地点，其灵感是来自巴黎的黑猫夜总会，艺术家们常年在此举办展览，探讨绘画、文学和音乐，有时还有木偶和皮影戏表演。这家咖啡馆是一个可以用"酒香不怕巷子深"来形容的小餐馆。讲究气派的新古典风格的老房子非常有特点，之所以这么出名是与毕加索有很大关系

的，1898年春天，毕加索在青年诗人的介绍下加入"四只猫"俱乐部，那时的"四只猫"已常有艺术家、政治激进人物、诗人及流氓等各色人等在此通宵达旦。当时毕加索不到20岁，无钱更无名，却因为独特的气质和才华很快成为"四只猫"的中心人物。

1903年，罗梅乌因为债务而结束了酒吧。后来被圣卢克艺术圈使用，直到1936年西班牙内战开始。1978年西班牙民主转型期间，一个餐饮集团恢复了"四只猫"的营业，它终于在1989年重新开放。

塞纳河畔

> 理论是灰色的,而生活之树是常青的。
> ——歌德

1900年毕加索第一次到巴黎时,巴黎正处于黄金时期,那里聚集着世界各地的艺术家,象征派、颓废派的思想观点十分流行。但是毕加索强烈的独立精神使他从内心深处同这些逃避现实的主张保持着距离。他不知疲倦地穿梭于大街小巷,凝望艾菲尔铁塔,一次又一次地渡过美丽的塞纳河。在这里最吸引他的是瑞士籍印象派画家史太林和法国"新艺术"代表人物劳特雷克的作品,他们作品中讽刺上层荒淫生活和同情劳动人民的内容深深地印在了毕加索的脑海中。同时,他看到在这里举行的国际博览会上,自己的作品被当作西班牙当代名作列入博览会出版的画册上。

在巴黎,毕加索住在蒙玛特尔高地。这里位于塞纳河北岸,是巴黎的贫民区之一,到处是破旧而拥挤的住宅、咖啡馆和舞厅。30年前,即1871年5月,这

里曾发生过震撼世界的一场斗争——"巴黎公社"的英雄们为了捍卫自由与正义同凡尔赛方面开来的反动军队进行了殊死的战斗。此时此地,毕加索观看史太林的作品《巴黎公社万岁》和《国际歌之图》,心中燃起炽烈的火焰。他虽然还不太了解巴黎公社所持的高深理论,但他懂得他们是为了穷人的彻底解放而战。

在这里,毕加索所作的第一幅画是《制饼干的风车磨坊》。画中的主人公就是每天和他碰面的下层工人、舞女,他们住在阴暗的房间里,但他们在贫困中永远是那么乐观向上。这幅画和劳特雷克著名的《红

风车舞场》有异曲同工之妙，他们所坚持的这种创作道路成为多半个世纪影响巴黎画坛的风格。直到今天，在红风车舞场和风车磨坊一带到处可以看见手拿画笔的画家们。

1900年底，毕加索偕同朋友突然返回祖国。同一年前相比，毕加索此时留了一头浓密乌黑的长发，俨然一副"艺术家"的派头，令马拉加的亲友们惊喜不已。

1901年6月前，毕加索在马德里逗留了半年，期间他与朋友弗兰西斯·德·阿西斯·索勒合办一本杂志《青年艺术》，他们希望通过这本杂志促进西班牙相对落后的文艺浪潮。这本只出版了5期的杂志，显示了他严肃的时代特色，宣扬来自巴黎的新思想，并发表了不少毕加索平实而激烈的美术作品。

就在这年6月底，毕加索的个人画展由画商伏拉在伏拉画廊举办，毕加索匆匆赶回巴黎。这次画展很成功，引起了著名的《艺术报》的注意，他们称毕加索是一位"名副其实和富有魅力的画家"。

但是，这一切并没有给毕加索带来多少物质上的好处，他的画依然卖不出去或只能卖很低的价钱。其实，更确切地说，毕加索不愿意出卖自己的作品。他出售作品，只是为生计所迫，而每当一幅作品出手后他总是很难过。所以，面对画商，他总是不愿讨价还价，情愿快点出手或干脆当礼物奉送。因此，他总是与贫穷为伴，往往连起码的生活必需品都置备不起。有段时间，他不得不和朋友马克斯挤在一间简陋的屋子里。两个人只有一张床，常常是白天马克斯出去工作，毕加索睡觉；晚上马克斯睡觉，毕加索通宵作画——把油灯吊在头顶上，蹲在地上作画，但有时连灯油都买不起，只好左手举蜡，右手画画。

面对这些痛苦和冷遇，毕加索的心中备受折磨，他甚至拒绝参加画展。把眼光完全集中到包括自己和众多朋友在内的下层人身上，控诉这个不公平的世界。《生活》《烫衣服的女人》《卖艺人一家及猴子》《杂技演员与丑角青年》《弹吉他的老人》等都是这个时期的作品。这些作品中的人物表情大多是僵硬的，体形纤

细呈现苍白的病态。与之而来的是，画中大量地运用蓝色与暗色，使人们感到画中人生活的背景是那般阴冷、暗淡。习惯上人们把这段时期（1901—1905年）称为毕加索创作活动中"蓝色时期"。

在此期间，毕加索频繁地来往于巴塞罗那和巴黎之间，曾几次翻越比利牛斯山，他希望能从家乡的山山水水中间寻找到安定的生活和精神上的安慰。这时，费尔南多·奥利维叶闯进了他的生活。

那是1904年，毕加索离开巴塞罗那，事实上可以说他是离开祖国，寄居异国他乡的开始。从那以后他的大部分时间都在巴黎度过。后来随着他声望日著，法国官方舆论曾羞答答地称他为法国画家，他侨居法国是给法国和它的传统带来了荣誉。

毕加索正式定居巴黎时，仍然住在蒙玛特尔一间简陋的画室里。这个画室冬天冷得可以冻住杯子里的水，而夏天则像蒸气浴室，人们习惯称它为"洗衣舫"。一次，奥利维叶到"洗衣舫"楼下唯一的水龙头那里打水，被毕加索看见，她那美丽的容貌以及健康结实的身材和脸上自信的表情迷住了年轻的毕加索。后来，一个炎热夏天的午后，巴黎上空大雨倾盆，奥利维叶匆匆往回奔，在过道里遇见了这位西班牙画家。当时，毕加索怀里抱着一只小猫，一面盯着奥利维叶笑，一面大方地邀请她到自己的画室里做客。

毕加索和奥利维叶很快生活在了一起。勤快的奥利维叶帮助毕加索收拾住房，但是，贫困的生活依然没有改变，奥利维叶甚至没有鞋子穿，有两个月一直待在屋子不能出门。毕加索很爱奥利维叶，好不容易攒到一点钱的时候，总是急急忙忙地去买奥利维叶喜欢用的香水，而满身香气的奥利维叶总在大清早站在门后，轻声阻挡所有来访的客人，让工作了一夜的毕加索安然入睡。

毕加索愉快的心情很快就在他的作品中反映出来。1905年的《演员》一画中，蓝色已逐渐减少，代之而来的是玫瑰色和粉红色，开始了他创作生涯中的"玫瑰红时期"。之后，在毕加索早期的另一幅代表作《坐着的裸女》中玫瑰色彩更充分地表现出来，画风也从充满悲哀的氛围转向明朗和清新。但是，画中的人物依然显现出内心的极度痛苦与辛酸。

也就在这年，毕加索与另两位画家一起举办了一次画展，毕加索的30多幅油画、素描和蚀铜版画引来了一片赞誉之声。《文笔》杂志和《法兰西水星报》都发表文章赞扬毕加索出色的美术才能。

从此以后，毕加索的作品的售价上升，画商愿意出2000法郎购买毕加索的一幅画，毕加索的生活渐渐

改善了。这年春天，他和奥利维叶一起回西班牙度假。他们在巴塞罗那拜见毕加索的父亲和亲友，然后动身前往比利牛斯山南麓的一个偏僻山村果索耳。在那里，毕加索跟农民亲密无间地生活在一起。多年以后，奥利维叶还能记起西班牙山间迷人的百里香、绿橄榄、风吹日晒雨淋后呈金黄色的房子、云高风轻的蔚蓝色的天空以及他们同警察遭遇时的惊险场面……

从《亚威农的少女》开始

> 精神的浩瀚、想象的活跃、心灵的勤奋：就是天才。
> ——狄德罗

20世纪初的西方世界是一个混乱的综合体，艺术界也产生了"现代派""新艺术派""野兽派""后印象派"以及"分离派"等派别。

以著名法国画家马蒂斯为首的一派在1905年举行画展时，他们光怪陆离的作品因被人们嘲笑为"野兽"而举起了"野兽派"的大旗。他们打破传统画风，主张夸张的形象，用强烈的大线条大色块而不是以往的明暗法来强调表现主观精神，发挥直觉的作用。

早期接受过印象派影响的法国画家塞尚则成为后印象派的代表人物。他发现印象派过于强调物像在光色中呈现的瞬间印象，忽视了客观形象固有的结构和体积。塞尚反复研究用色，追求质感，改革印象派的画技。

以上两派提出的问题凸现的是绘画中关于形与色

应该包含客观与主观两个因素。前者是物像固有的，后者是画家对它的感受和体验。但是，上述两种因素在作品中应该各占多少？关系如何？毕加索开始了同各派画家们的广泛接触，1906年在巴黎卢浮宫展出的古代伊伯利亚雕刻给他留下了深刻的印象。

这些黑人雕刻勾画简单明了，强烈地显示了儿时在马拉加海边父亲曾给他讲过的原始丛林里的恐怖，同时它们脸上那种粗犷可怕的表情抑或平静含蓄的神色使人想起了人类与动物界已经失去了的交往。从外形上讲，这些雕刻巧妙地运用了看似原始的几何图形，产生了惊人的视觉冲击力和抽象的美感。

有一天晚上，在马蒂斯家中吃饭，马蒂斯端出一具黑人木刻交给毕加索。这是毕加索第一次如此近距离地观察这些木刻，整个晚上他的手都没有离开过它。第二天早上，当马

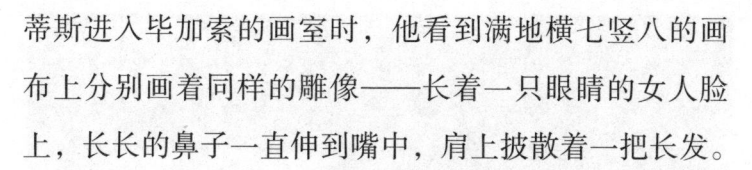

蒂斯进入毕加索的画室时，他看到满地横七竖八的画布上分别画着同样的雕像——长着一只眼睛的女人脸上，长长的鼻子一直伸到嘴中，肩上披散着一把长发。

此后，人们发现，毕加索许多作品中的人物逐渐变得粗大、笨重，宛如一块大木头一样重地压在地上。例如《两姐妹》《拿着调色板的自由像》越来越失去感性特征。当有人问他："你画的人物是取自模特儿吗？"他断然回答："不！"这意味着毕加索已经着重于新的艺术创造，他要把古典主义单纯的模仿活动改成崭新的创造活动。

1907年春天，毕加索毅然决定画一幅将近几平方英尺的大型油画。这次他对画布的选择特别细心。他平常所喜欢的那种光滑的画布下面又衬上了牢固的料子，并把画框也做得适合相应的尺寸。几天之后这幅画完成了。

当朋友们看到这幅画时，他们惊讶不已。乍一看，这幅画具有一种田园式的乐趣，5个女人的裸体在一片蓝色背景下非常突出。但他们的外形都呈几何菱形状态。

大家对这幅画议论纷纷，但没有一个人完全赞同，就连他最好的朋友马蒂斯都发出了嘲笑声。几天后评论界也传来了类似的声音，毕加索对于自己用艰苦的

劳动赢得的非议并不在乎，他给这幅画取名为《亚威农的少女》。亚威农是故乡巴塞罗那的一条街名，毕加索曾在那里买过水彩和画纸。这幅画表达了他对故居的怀念。而这幅画的价值是在多年以后才被人们发现的。

按照传统的画法，物像的立体效果是靠光的照射方向与亮度来解决的。依据画家的视角，近的物体画得亮一点、大一点，远的物体画得暗一点、小一点；看得见的部分才画出来，看不见的则不画。总之，画家的眼睛在功能上与生活中的眼睛一样，与照相机也完全一样；这样的画法是物像在光照下的伪装。

毕加索在《亚威农的少女》中所展现的则是一个全新的视角。画面中位于中央的那位女郎虽然正面对着观众，但毕加索仍然画出了只有从侧面才能看到的她的鼻子的侧面像；画中右下角的女郎虽然背向观众，毕加索仍然画出了她的侧像与正面像，使她的脸成为想象中的正面与侧面的结合物。

这是毕加索所创的一种新方法的基本内容。它虽然打破了传统的框框，扩大了人们的视野。从光线的限制中超脱出来，成为真正的立体视线和三度、四度、五度乃至更多的度的视野。使人感到不只从一个方面观看一个物像，人们的主观想象力可以插上翅膀，在立体空间中自由翱翔；为浪漫主义与现实主义的高度结合创造了更为广阔的可能性，使美术创作不受空间的限制，成为画家眼中、脑海中"应该如此"的对象。这成为美术史上的一次革命。

当然，《亚威农的少女》并不是没人理解，毕加索的朋友，著名画家勃拉克看到这幅画后被深深感动。之后，他也按照毕加索的精神画了6幅风景画，这些画好像是用火柴盒集体组合起来的。但当它们被送到著名的"秋季沙龙"时，还是全部落选了。充当审查员的马蒂斯讥笑这些画是"用小立方体画出来的"。不料，这句话不胫而走，"立体主义"的名字从此便叫开了。

在完成《亚威农的少女》之后，毕加索又创作了《花瓶》《静物与骷髅》《少女的头》及《披纱的裸女》等等。在这些作品中把立体主义的创作方法推向完善。为了完成这些作品，毕加索不分昼夜地工作。"洗衣舫"里的灯光很暗，即使是在白天，他也要点着油灯工作，同时和朋友们聊天、讨论、喝酒。

但是，这种日子没再持续多久，1909年的秋天，

← 亚威农的少女

毕加索和奥利维叶搬出了原来那个肮脏不堪的"洗衣舫",迁入克里希大街11号新居。在这里,毕加索终于拥有了气派十足的宽大画室,光线从北面射来,窗外树影婆娑。两个住所之间差别如此巨大,使搬运他们那少得可怜的家具和大捆画布的工人们认为,这对年轻夫妇一定是中了全法国彩票的头彩。

新购置的家具是毕加索所喜欢的各种样式的混合。其中有几件式样简单而笨重的橡木家具,一张古色古香的桃花心木靠椅,还有一架大钢琴,他父亲也送他一些木制家具。另外,毕加索在餐厅的墙上挂上一些用稻草做画框的五色石板,而别的地方总会出现一些毕加索兴之所至添置的一些小物品:奇形怪状的各种瓶子、价格昂贵的刻花玻璃、破旧的挂毯以及日益增

多的非洲雕塑，这些东西还像从前一样被横七竖八地扔在任何地方。在毕加索的眼睛里，随便放置的东西才有被发现的可能，而一旦归置整齐之后，它们不过是整体中的一部分而已。

1910和1911年是毕加索立体主义的第一个顶峰，他成功地把立体主义的结构分析方式用于人像中。《坎威勒尔像》《弹曼陀林的少女》《威廉·雨德像》《伏拉德像》等人物像中，人物的各个面都被分解后与立方体结合得非常巧妙。色彩显然被忽略了，只留下单一色。这种创作方法表面上看似远离了对象本身的外形，但实际上它并没有脱离现实，只不过是以特有的手法曲折地反映对象罢了。所以，就在毕加索画完《伏拉德像》之后，有一个4岁的孩子看了一眼这个似乎堆满了结晶体的画之后，便情不自禁地叫了起来："瞧，伏拉德先生在里边！"边说边敲打着画布。

到了1913年，毕加索的作品中有了色彩方面的变化。显然经过摸索，毕加索在完成了结构方面的探索后，把注意力转移到以前暂时忽视了的色彩，这年毕加索画的《坐着的女人》便是一个例子。此外，图中还混入了各种物品的形态——例如法文字母、椅子、扶手的一部分，自然物形象都出现了，整幅画运用色面的造型结构。在另外一幅作品《小提琴》中，则进

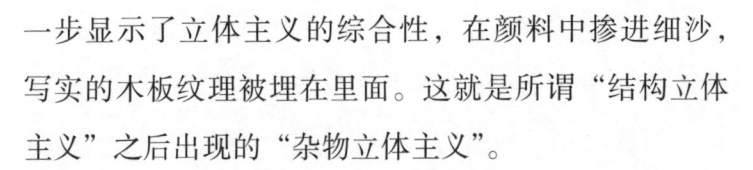

一步显示了立体主义的综合性，在颜料中掺进细沙，写实的木板纹理被埋在里面。这就是所谓"结构立体主义"之后出现的"杂物立体主义"。

1914年，毕加索的杂物立体主义进一步发展。古典主义的"远近法"被扬弃，画面是以造型的结构重新组合的。从这时起，毕加索绘画时除了用笔，还巧妙地采用粘贴与拼贴法，使装饰和立体味道更浓。在这些图画中，一面有扑克牌的造型，一面有古典主义的表现法。同时，还加入报纸、广告等有文字的东西。毕加索认为，立体主义是"形"的艺术，为了表现形的结构，不仅可以用笔、颜料与纸，还可以借助其他物料，用赤裸的、单纯的、朴素的和最自然的直观方法来表现，从而使美术中的绘画、雕塑、剪纸、版画等手法综合起来。

经过七八年的奋斗，毕加索的立体主义已经日益完善。后人习惯上把它分为两个时期：第一阶段是分析立体主义，大约是1907至1911年；第二个阶段为综合立体主义，大约在1912年期间。也就在这七八年中，随着毕加索大量作品的问世，人们对立体主义的兴趣，以惊人的速度从巴黎传播到其他国家，就好像世界各地都在等待毕加索和勃拉克在为他们提供一个发展方向一样。一夜之间，美术界首先发生了革命。

人们重新审查传统的美术观念。在立体主义中找到新的答案后,"抽象派""新造型主义""几何形体派"相继诞生。立体主义同时也影响到了诗歌、戏剧界,激进的革新派掀起了新文学的浪潮。

1909年,毕加索的画展首次在德国慕尼黑举行。

1911年,毕加索的绘画第一次越过大西洋,出现在纽约。

1912年,毕加索的画展又在英国伦敦举行。

从此以后,毕加索的画不止一次地在各个国家展出,毕加索的名字成了画坛上初升的明星,人们评论他、赞扬他,欢呼艺术新世纪的来临。

1914年,毕加索所画的《卖艺人的一家》卖到了15500法郎的高价。这一年,毕加索27岁。

爱情与艺术的洪流相伴

夫志，当存高远。
——诸葛亮

1914年8月，第一次世界大战爆发，欧洲大陆陷入兵荒马乱之中，法国的许多画家应征入伍奔赴前线。仍旧保留西班牙国籍的毕加索在巴黎开始了他风雨飘摇的战时生涯，他的画又卖不出去了，生活又成了问题。

俗话说：福无双至，祸不单行。大战爆发后不久，与毕加索恩爱异常的伊娃病逝。由于迁入克里希新居后反复的争吵，奥利维叶早在1912年春天就与毕加索断绝了关系。之后不久，毕加索便与早已相识的伊娃生活在一起了。同奥利维叶相比，伊娃沉默寡言，身材苗条，毕加索亲切地称她为自己的"丽人儿"。3年中他们形影相随，一同出入各种场所。然而好景不长，1915年秋天，伊娃在一场重病后去世。毕加索痛苦异常，1916年春天，他迫不及待地搬到巴黎郊外的一栋小房子中去住。结果是，如果外出访友，他则必须在黑夜无人的街上走个通宵返回住所。

其实，这种深夜漫游是个老习惯。毕加索特别喜欢别人沉睡而唯我独醒的那种感觉，这就像在炮火纷飞的前线偶尔获得一线生机的老兵在咖啡馆里所表露那种神情一样。同时，嘈杂和运动的消失，更便于毕加索的想象。听着自己的脚步声，看着在空旷而模糊的视野里是寥寥无几的幽灵般的行人。这种孤独在很长一段时间里陪伴着毕加索，并成为他一段时期内的爱好。

就在这段黯淡的日子里，画家的朋友高克多正在全力以赴地同俄罗斯芭蕾舞剧团主持人兼演出人狄亚基列夫设计一个芭蕾舞剧，并在欧洲巡回演出。为了吸引毕加索的注意力，并使立体主义同舞台艺术联系

起来。这位年轻的诗人极力说服毕加索前往意大利的罗马，同狄亚基列夫见面，开始了一次对他和剧团都有久远影响的旅行。

高克多为毕加索想出的第一个适合他的主题，叫《游行》。这很容易让人想起混乱而狂想的战时气氛。最后事实也证明，这个剧目演出后确实引起了一些人的愤怒。剧中，毕加索在舞台装饰、布景和服装上，把立体主义和古典主义结合在一起。他把演员几乎都用各种夸张的服饰和色彩设计成平面形象，却把舞台利用传统的古典主义的大框架设计成立体空间，把观众带入一个现实与非现实之间的矛盾世界中。1917年5月17日首演之后，观众对这个离奇而又生涩的剧目怒不可遏，威胁着演员和毕加索。幸好毕加索的一位刚从前线归来的朋友走到台前，他头上的绷带和他胸前的战功十字勋章使爱国主义的感伤情绪抵消了观众的误解。

同时，原先一些追随毕加索的人以为他"背叛"了立体主义或自行退出艺术舞台的"先锋营"了。实际上，人们不了解毕加索，毕加索的画风和画技已经推进到了一个新的水平。在这次意大利之行中，毕加索再次受到古希腊、罗马的古典主义艺术的熏陶，古典艺术中那种所谓的"宁静的伟大及崇高的单纯"精神，唤醒了他艺术的新灵感，从此以后直到1920年是毕加索从事新古典主义创作的新时期，立体主义在其中深化和发展。

毕加索一面进行芭蕾舞台设计，在前所未有的宏大空间中，他的艺术灵感纵横驰骋。同时穿梭于回荡着小贩叫卖声的罗马街市，把自己对这座都市的谢意倾注在他的人物画与风景画中。

当然，罗马之行最大的收获莫过于毕加索认识了舞蹈演员奥尔佳·柯克洛娃，这使他从伊娃去世后的悲哀中解脱出来。奥尔佳是一位俄国军人的女儿，她放弃了优裕的生活和光宗耀祖的传统义务，在父亲鄙视的目光下成了芭蕾舞的忠实信徒，成了一个舞蹈演员，在罗马，遇见毕加索之后，双方马上共坠爱河。奥尔佳的职业舞蹈生涯迅速结束。

之后，他们随剧团到了毕加索的故乡巴塞罗那。这时，毕加索的父亲唐·霍塞

已经去世。他的母亲玛丽亚·毕加索同女儿一家生活在一起。毕加索沉醉在回乡的兴奋与奥尔佳温柔的怀抱之中。他们住在毕加索熟悉的一家临海的旅馆中。在奥尔佳的卧室中毕加索画下了著名的《阳台》。这幅画是新古典主义和立体主义结合的典范。画中阳光充足，立体的小提琴象征着充满生命力的、富有诗意的浪漫情调。印象派的点彩画法和野兽派的画技跃然纸上。这时候，毕加索还神采飞扬地向奥尔佳介绍故乡的风土人情、带她出入朋友的住所和各种聚会。

爱情和生活所燃起的创作热情，使毕加索在巴塞罗那不停地以奥尔佳和巴塞罗那的风景为对象进行创作。《拿着扇子的女人》《坐在安乐椅上的女人》《坐着的女人》《农民的饭餐》《丑角》和《蛋糕》都是这一

时期的经典之作。

芭蕾舞团在西班牙演出结束后，便前往拉丁美洲演出，奥尔佳却留下来与毕加索共享爱情的甜蜜。1917年底，毕加索与奥尔佳回到巴黎。1918年7月12日，毕加索与奥尔佳结为夫妇。

婚礼上，来宾大都是男方的朋友。为了弥补奥尔佳的遗憾，在举行了婚礼之后，他们又相继举办了一系列正规的俄罗斯典礼仪式。毕加索把住所又迁回巴黎市中心，奥尔佳积极布置新居，使临街的客厅和朝花园的餐厅式样美观，以便毕加索招待没完没了的来访者与朋友。

随着第一次世界大战的结束，巴黎恢复了往日的活力，它重又成为吸引全世界艺术家的天堂。这里又充满了战前那种的作家、诗人和画家群落，并把世界各地的艺术新思想带到了巴黎。其中最为著名的便是"达达主义"。

1916年5月瑞士苏黎世的服尔泰酒馆开张，酒馆的开设人雨果·鲍尔是个和平主义者兼诗人，狂热地致力于以毕加索的名字为灵感的艺术活动。在这里聚集的艺术家把梦呓般的语言当成"最完美"的语言，打破从前的一切艺术规律。他们欣赏疯子的"疯话"，模仿狗、猫的叫声，以无逻辑的现象作为创作的典范。

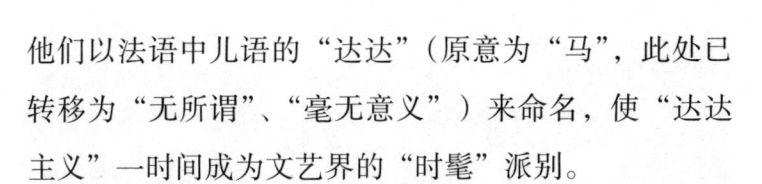

他们以法语中儿语的"达达"（原意为"马"，此处已转移为"无所谓"、"毫无意义"）来命名，使"达达主义"一时间成为文艺界的"时髦"派别。

面对战后这些狂热的艺术浪潮，毕加索依然冷静而公正地进行着自己的选择。1918年下半年，毕加索再次应俄罗斯芭蕾舞团之邀，横渡他向往已久的英吉利海峡，前往伦敦，继续进行戏剧舞美设计。

不出狄亚基列夫所料，直到新剧目《三角帽》上演前一刹那，毕加索还在努力工作，给上台的演员添上最后几笔，使演员的服装成为一件无比美丽的杰作。结果，演出非常成功，人们已经从几年前的愤怒转为狂喜。1920年和1921年，毕加索又协助狄亚基列夫完成了几台舞剧。与此同时，在剧团的生活使毕加索产生一种要从生活角度描绘人物的愿望，他用细铅笔豪放而忠实地表现了人物的特征。

对写实主义素描的兴趣，使他常常临摹一些偶尔捡起的照片和美术明信片，而这些写实的作品又往往使他从逼真而熟练的细部线条中发现物像更加丰富的结构。这一切奠定了《三乐师》的伟大构图。这是毕加索以前不曾试用过的手法，他以严格的立体主义描绘了3个人物。这些着色不分明暗的人物，外形简单而且以直线勾画，它们被安排得那样妥当，以至于一

← 三乐师

目了然就可以使人看出每一个细部的重要意义。尤其是乐师们弹奏乐器的蜘蛛形的手明显表现出了他们的质感，软硬不一。

毕加索出色的画技使达达主义者感到要使他们的主张在艺术界产生影响，就必须超过毕加索以及马蒂斯等人的成果。但是，他们越来越发觉毕加索超然物外的发展速度远远把他们抛在后面时，就开始怨恨毕加索。这些狂热分子甚至言辞强烈地攻击毕加索，妄图削弱他的影响。

而此时的毕加索正在枫丹白露租了一幢舒适的大

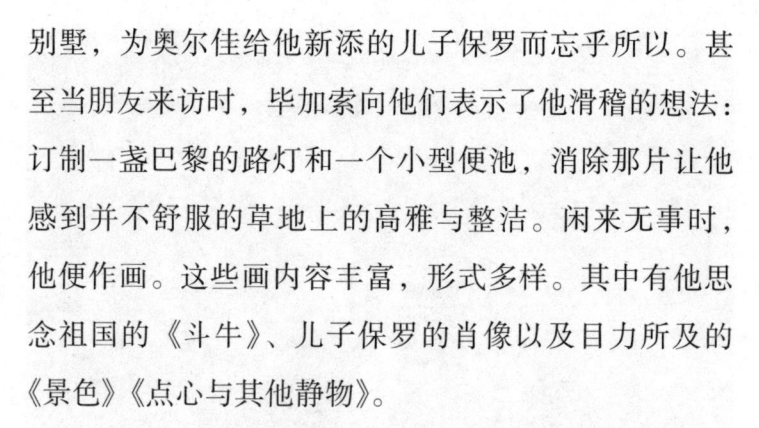

别墅，为奥尔佳给他新添的儿子保罗而忘乎所以。甚至当朋友来访时，毕加索向他们表示了他滑稽的想法：订制一盏巴黎的路灯和一个小型便池，消除那片让他感到并不舒服的草地上的高雅与整洁。闲来无事时，他便作画。这些画内容丰富，形式多样。其中有他思念祖国的《斗牛》、儿子保罗的肖像以及目力所及的《景色》《点心与其他静物》。

其中，《母与子》乃是毕加索熟练地应用古典主义与写实主义创作的一幅杰作。画中的母亲形象淳朴、持重、丰满、朝气蓬勃，赋有女性的魅力，又蕴含着战胜一切困难和创造未来的无穷力量；画中似乎正在吃奶的孩子的小手托住正在低头看自己的母亲的下巴，显示了孩子旺盛的生命力，他的健康、活泼似乎是希望和力量的源泉。

达达主义者对毕加索的攻击不仅没能动摇毕加索在人民中间的基础，反而导致了自身队伍的分裂。其中的一部分渐渐演变为超现实主义者。

超现实主义源于19世纪末形成的弗洛伊德的精神分析学说。弗洛伊德通过研究精神病人和做梦者的心理活动后认为，人的意识分为意识和潜意识。意识是后天理性规范化之后的人类心理活动。而潜意识乃是人心底被压抑的最原始、最鲜明和最形象的心理活动，

他在梦中或幼年时表现得最为明显。但是潜意识如影随形般地潜伏在人的一言一行中，一旦得到机会便会发泄。这一学说正好迎合了战后陷于极度空虚与恐慌的现代派艺术的胃口。于是，他们认为时代已经到了要求艺术家们松弛一下自己的意识，脱离现实生活创造出梦境般的超现实的形象的时候。1924年，作家安德烈·布鲁东在巴黎发表了《超现实主义宣言》。而布鲁东认为，毕加索的立体主义恰恰符合超现实主义的创作原则，于是毕加索又成了他们再次捧扬的楷模。

不断超越的艺术大师 **毕加索**

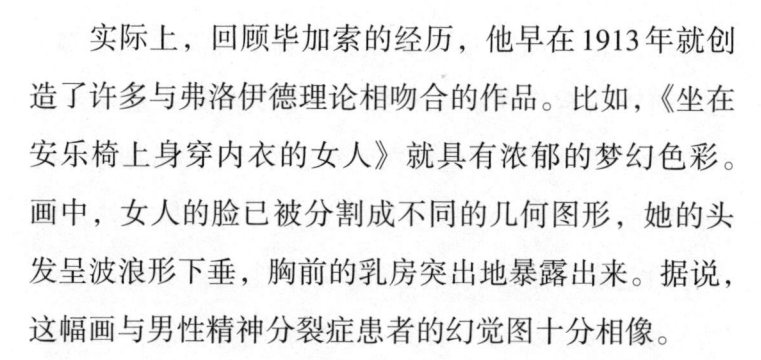

　　实际上，回顾毕加索的经历，他早在1913年就创造了许多与弗洛伊德理论相吻合的作品。比如，《坐在安乐椅上身穿内衣的女人》就具有浓郁的梦幻色彩。画中，女人的脸已被分割成不同的几何图形，她的头发呈波浪形下垂，胸前的乳房突出地暴露出来。据说，这幅画与男性精神分裂症患者的幻觉图十分相像。

　　1925年，在巴黎举行了超现实主义的首次画展，毕加索的作品同其他超现实主义画家的作品并列在一起。从这里，人们看到了全新的毕加索。他的创作始终像一条滚滚向前的江水，永不停留在一点上。当人们在赞扬他的伟大时，他自己所引发的洪水已经没过这个伟大，奔流向前了。

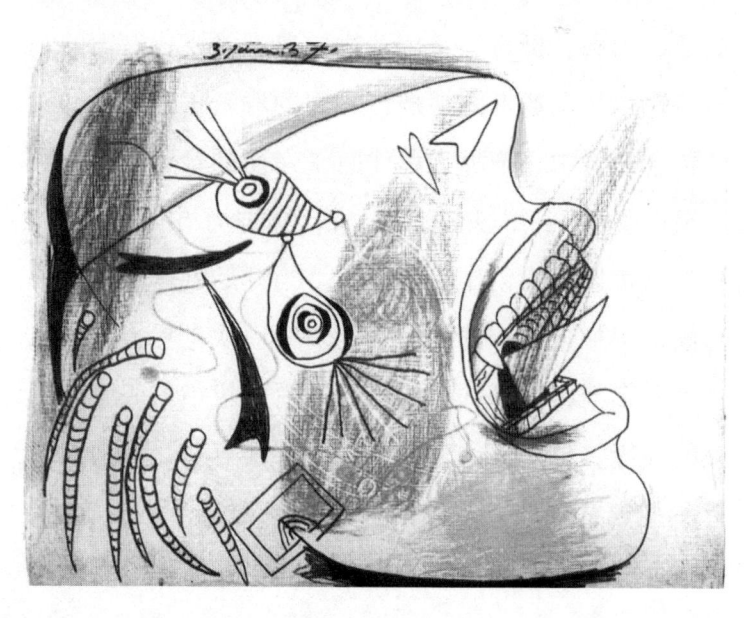

这年，毕加索与奥尔佳、小保罗再次回到巴黎。这之前毕加索曾到蒙地卡罗拜访老朋友狄亚基列夫和他的芭蕾舞剧团。当他再次坐在巴黎自己家的画室时，他的眼前似乎又一次朦胧地看到了一群和奥尔佳一样漂亮的芭蕾舞演员们的精彩舞姿。他进入了梦幻般的"潜意识"状态，似乎看到三头六臂的舞女们在翩然起舞，她们的特色突出，一会儿伸开双臂，一会儿紧紧地相互拥抱——在她们离奇古怪的舞姿中是辛酸与欢乐，幸福与灾难，是一幅生与死、爱与恨交织的图画。这就是毕加索进入超现实主义创作时代的代表作《跳舞》的来由。

《跳舞》这幅画中有3个舞者，中间的一个张开双臂、仰头、挺胸，是芭蕾舞的典型舞姿；右面的一个是左面的女舞者的搭档，左面的舞者正在向左仰头旋转。三者中，毕加索更注意了左面的舞者。她的头部画得非常仔细，头发一根一根地都画了出来。

《跳舞》的创作时间很长。当开始创作这幅画的时候，毕加索的心情是沉重的。第一次世界大战后虽已恢复多年，但毕加索还能到处看到饥饿的眼睛和憔悴的面庞。他个人的生活虽然比战前好些，但他双肩上所能觉察到的艺术家的责任在他的笔下还很沉重。正在此时，他的好友拉蒙·毕索去世。所以这幅画中

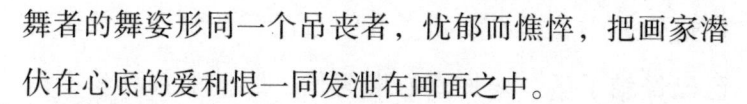

舞者的舞姿形同一个吊丧者，忧郁而憔悴，把画家潜伏在心底的爱和恨一同发泄在画面之中。

1926年，一位27岁的希腊青年克利斯蒂安·切尔沃斯创办了《艺术备忘录杂志》得到了毕加索的支持。这本杂志促进了毕加索的创作热情，也繁荣了超现实主义的美术园地。之后，切尔沃斯又创办了《艺术事件月刊》，它很快成为当时艺术界的自由论坛，并且刊载了毕加索大量的原作与草图。其中有著名的《画家与模特》《坐着的女人》等等。

毕加索在艺术上的一系列成就给他带来了更为盛大的荣誉，但这一切并不与他的家庭的美满幸福同步。奥尔佳很美，也很热情、倔强。她很喜欢钱财与上流社会的浮华。但毕加索的情趣却简单得多，虽然他欣然同意奥尔佳任意选购最贵重的衣服，而他自己通常还是穿着那套破旧的衣服，把奥尔佳给他选购的领带丝毫不动地压在箱底。为此，他们经常发生争执，争执一些在毕加索看来微不足道的琐事。在毕加索看来，奥尔佳已经变成了自己生活中无时不在的对自由精神的威胁，而这对于一个永远在精神王国里天马行空的艺术家来说，是那么可怕。所以，有一天，当毕加索在巴黎一家商店的橱窗前注意到玛丽·德列丝时，那种尘封已久的爱情之火重新燃起。毕加索兴致勃勃地

向这位并不相识的女孩子介绍自己，并坦率地承认自己已经结了婚。毕加索心潮起伏，眼前的德列丝不但具备了奥利维叶的冷静，又兼有伊娃和奥尔佳的美丽。这时，毕加索已暗自决定离婚，结束那段曾经给他幸福而现在又在埋葬自己艺术生命的婚姻。

与德列丝之间的爱情使毕加索一夜之间变得年轻起来。他不断地给她画肖像，与此同时《镜前的少女》《沉睡的裸妇》等如同爱情的琴键上流淌出的音符，从毕加索的手指尖上开始弥漫在他的周围。

不断超越的艺术大师　**毕加索**

愤怒的毕加索

> 不能不热爱祖国……但是这种爱不应该消极地满足于现状,而应该是生气勃勃地希望改进现状,……并尽自己的力量来促进这一点。
>
> ——别林斯基

作为一个西班牙人,毕加索一生中最辉煌而漫长的时光是在法国度过的,但是他一直不愿意放弃西班牙国籍。所以,当1935年德列丝为毕加索生下女儿玛雅而毕加索想同奥尔佳办离婚手续时,事情便变得特别复杂。一连几个月,他一直被一些无结果的诉讼手续严重折磨着,以至于有一个时期,他简直不敢到楼上的画室里去,因为那里的一切都会使他想到过去以及使他烦闷至极的种种过程。最后,毕加索只好放弃这个想法,甚至离开巴黎,隐居在波伊斯盖鲁普,从事他那段时间热爱的雕塑以及蚀铜版画的创作中去。

然而,更让毕加索烦恼的事则来自西班牙国内。20世纪30年代初,随着全球性的经济危机,使西班牙

文学艺术家卷　059

的经济陷于瘫痪，失业者达工人总数的40%，罢工此起彼伏。国内政权几番更迭之后，法西斯势力乘机于1933年夺取政权。从1934到1935年西达党当政期间，3万多农户被剥夺了土地，工人失业者达72万人之多，在西班牙历史上留下了"黑暗的两年"的记录。

←毕加索作品雕塑

《人身牛头怪物》这幅蚀铜版画就是这个时期的产物，它的灵感来自古希腊的神话。画中的牛很容易让人想到西班牙，那头瞎了眼睛从渔船旁走过的怪物则象征着人们极其艰难的生存环境。而这也许只是毕加索后来创作《佛朗哥的梦幻与谎言》的预兆，在这一组蚀铜版画中，毕加索对佛朗哥这位镇压人民反抗的法西斯势力所谓的"领袖人物"反感到了极点。画面上这狂妄自大的独裁者企图伪装成基督教的英雄：他拿着一面旗子，上面有一个虱子形状的圣母玛利亚；

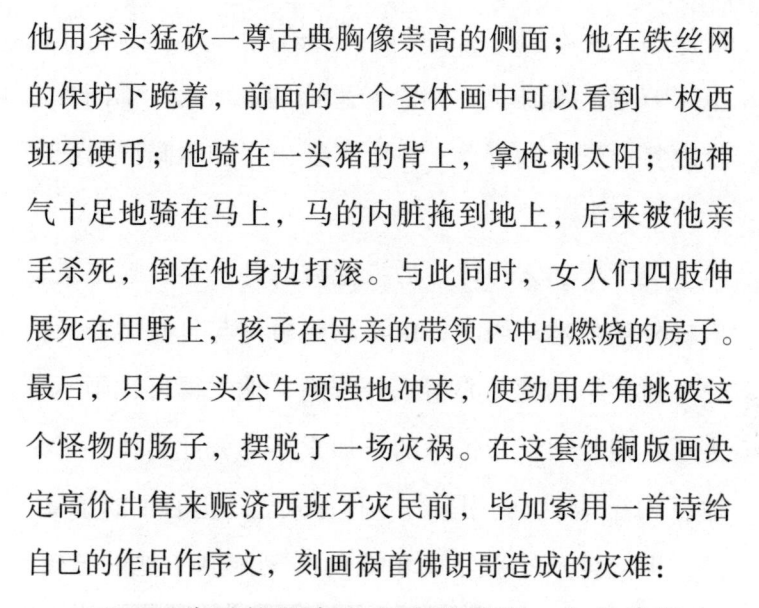

他用斧头猛砍一尊古典胸像崇高的侧面；他在铁丝网的保护下跪着，前面的一个圣体画中可以看到一枚西班牙硬币；他骑在一头猪的背上，拿枪刺太阳；他神气十足地骑在马上，马的内脏拖到地上，后来被他亲手杀死，倒在他身边打滚。与此同时，女人们四肢伸展死在田野上，孩子在母亲的带领下冲出燃烧的房子。最后，只有一头公牛顽强地冲来，使劲用牛角挑破这个怪物的肠子，摆脱了一场灾祸。在这套蚀铜版画决定高价出售来赈济西班牙灾民前，毕加索用一首诗给自己的作品作序文，刻画祸首佛朗哥造成的灾难：

"……孩子的哭声，女人的哭声，鸟儿的哭声，花儿的哭声，木料和石头的哭声，砖的哭声，家具的哭声，还有床、椅子、窗帘、瓶罐、猫、纸的哭声，互相缠绕的气味的哭声，烟的哭声混杂在大锅里煮东西的哭声之中。鸟群似雨，淹没大海，大海蚀毁骨头，扯碎咬住粗棉花的牙齿，太阳从图版中摘取粗棉花，钱袋和衣袋把图版掩藏在岩石上留下的脚印之中。"

1937年初，毕加索写了一首诗来讥讽佛朗哥，诗中充满了暴力形象。佛朗哥在诗中被描述成一个讨厌的秃头男子。这首《佛朗哥的梦和谎言》用西班牙语写成，还是那种不拘句法语法规则的无意识写作风格。正如他说的那样："与其让我去遵从一套不属于我的语法规则，还不如我自己发明一套语法呢。"这首诗还配上了18幅同样暴力、愤怒和恐怖的铜版画。佛朗哥这个攻打西班牙的野兽，注定了要当毕加索瞄准的靶子上的死对头。

关于毕加索写诗，后人记载的并不多，这主要是内忧外困使然。当时，由于离婚事件与日益增长的社会危机使毕加索的心情十分苦闷，他觉得再也画不下去了。但是习惯于忙碌的毕加索不肯就此罢休，于是他想试着写作，利用另外一种形式表达他心中的愿望。

但是他从小就不太出众的文笔限制了他的思想，于是他从想写剧本转而写诗。起初他曾用自己所擅长的美术发明一套自己的标点符号，用不同长度的线来划分语句，但不久倔强的毕加索觉得对语法规则让步未免

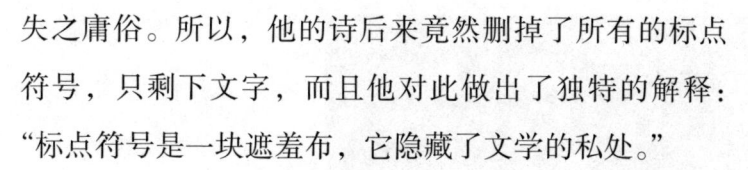

失之庸俗。所以，他的诗后来竟然删掉了所有的标点符号，只剩下文字，而且他对此做出了独特的解释："标点符号是一块遮羞布，它隐藏了文学的私处。"

这种对文字的嗜好是这位伟大画家内心深处看得见的生活的破译，如同他曾在油画与雕塑之间所缔造的关系一样，使多种艺术手段呈现出相关的联系，闪耀着同一种对于生活的热爱之情。这种精辟的见解使那些只顾在形式上乱做文章的超现实主义的诗人们大开眼界，他们聚集在毕加索的住所里，听翻译把那些西班牙诗句译成美妙的法语。之后的几个月里，毕加索的诗在《艺术手册》上发表。

其中有一首是这样的：

"扭打厮杀，我才使自己的道路放出火光，燃尽了抚爱，烘毁了拥抱和守护，我尽力把钟敲得很响，敲得钟都流出了血，惊起了鸽子，使它绕着鸽棚不停地飞，直到累死之后跌倒在地上才算罢休。我将要把我所有的门窗都用泥土封住，我将要用你的头发把所有会唱歌的鸟儿都捉住，把所有的花儿都砍下，我要把小羊羔抱在怀里轻轻摇动，并用我的乳汁喂饱它。我将用我那悲欢交加的泪水给它洗澡，我将用孤独者所作的我的孤寂之歌使它入睡。"

奇怪而奥妙无穷的特点，使毕加索用画家带有色

彩与立体想象力的思考与幻想混合在一起，表达了他对社会的不满，对独裁者的愤怒和对人民深切的同情。而这又似乎与不久发生的事情有着极其相似的吻合。

1937年4月26日，西班牙独裁者佛朗哥勾结德国法西斯分子，由德国空军出动多架飞机对西班牙巴斯克区一个毫不设防的小镇格尔尼卡进行狂轰滥炸。当时，平静的格尔尼卡市民在内战的阴影下仍然忙碌地工作着，下午4点半，城市上空突然出现德国轰炸机，并立即向手无寸铁的

市民俯冲扫射、轰炸，残酷的大屠杀进行了3个小时后，格尔尼卡一片狼藉，1654人死亡，889人受伤，70%的格尔尼卡古城毁于一旦。这恐怖袭击带来的震撼要远远大于轰炸给古城和居民带来的伤亡损失。

这一事件，激起了全世界人民的愤怒，纷纷谴责这种法西斯暴行。作为一个爱国的西班牙画家，远在巴黎的毕加索更是义愤填膺，重新拿起画笔，画下了大型的油画《格尔尼卡》。

这幅画高11英尺半，长约达26英尺，在屋子里占据了两面墙壁那么宽，下至地板，上至屋顶的大梁。这就是说，要画这幅画，得站在扶梯顶端使用长笔，才能画到上部。虽然这对已经并不年轻的毕加索来说是一件危险的事情，可是毕加索还是很快完成了这幅画。在这幅巨大的画布上尽情挥洒着抑制不住的愤怒。

→ 格尔尼卡

画面由白、黑、灰3种颜色统一起来，构图采用古典的三角形表现法，并以黑白相间造成强烈的对比。在靠近三角的顶端，有呼啸的马，地上躺着手握着已经折断手柄的剑的战士，表现了顽强不屈复仇到底的西班牙人民至死不渝的斗志。

画面还表现了奋起抗争的场面以及人民惨遭不幸的悲剧性场面。右下角有一个逃难的妇女，左边有仰天哭号的母亲以及她已经倒在血泊中的儿子。这位母亲抱着自己的儿子，仰望天空，怒视着天上的飞机。她代表着全世界正义力量对法西斯势力的控诉。

画面上就在左边哭号着的母亲旁边，站着一具极具西班牙特色的毫无表情的笨牛，毕加索用它来影射对人民的疾苦漠不关心的西班牙政府。

整幅画那种有力的线条和激烈的色彩对比以及人物的表情就像一份无声的宣言，控诉着法西斯的罪行，表现了人民坚强的意志。

毕加索除了把这幅作品高挂在墙上，还义正词严地发表了一个声明："西班牙战争是对抗反人民、反自由的反动派的战争。我的整个艺术生涯就是与艺术反动派、与艺术死神不屈不挠地进行斗争。大家想一想，我怎么可能会跟那些反动派、跟死神妥协呢？……我正在画的一幅作品即将取名《格尔尼卡》，这幅作品以及我近期所有文艺作品中，我都清楚表达了自己对陷西班牙于万劫不复深渊的军阀的痛恨。"

《格尔尼卡》画毕后，立即在巴黎博览会的西班牙展览馆展出，建馆的建筑师们特意为这幅画留下了一个显要的位置。参观的人络绎不绝，在公众中产生了强烈的反响。人们拿它同许多伟大的作品相比，例如德拉克罗瓦的《希阿岛的屠杀》、席里柯的《梅杜萨之筏》以及哥雅的《五月二日的马德里》。人们从这些伟大的作品中能看出一个共同点，它们所反映的不只是一个具体事件的恐怖，而是一场普遍性的悲剧。

《格尔尼卡》完成后，毕加索心中的怒气似乎平息了一点，他关闭了自己的画室，到他经常光顾的莫金斯休息一下自己疲劳的神经。在这里他为同伴们画像，为自己的爱女玛雅画像，尽情陶醉在混乱的世界里难得的清静之中。

他常常不公开露面，而是独自迎着早晨的霞光，在海滩上散步，洗个海水澡，然后沿着海边捡石子、贝壳、树根或者任何由海浪雕琢成的东西。在这种环境里，毕加索矮小但健壮得像个拳击运动员的身躯晒得黝黑，活像一个再生的古神话英雄。

在莫金斯的休息，并未完全使毕加索忘却在画《格尔尼卡》时展开的思绪。回到巴黎后他又完成了一

幅蚀铜版画，还有几幅素描、上面画的是一个哭泣的女人的头部。红蓝色的帽子上装饰着一朵蓝花、就像悲剧不期而至。脸上的白色的毛巾并未掩盖住她的愁容。她那双手上布满苍白痛苦的感情，与眼中的泪水合成一体。

巴黎博览会后，《格尔尼卡》先于1938年夏天在挪威展出，随后又在英国伦敦、利兹、利物浦以及在美国的纽约展示。人们在这幅画上看到了历史上那黑暗的一幕，也预感到一种惶恐不安的气氛。就在这种感觉随着《格尔尼卡》在世界各地传播开来期间，第二次世界大战全面爆发了。

放飞和平

> 战士是永远追求光明的,他并不躺在晴空下面享受阳光,却在暗夜里燃烧火炬,给人们照亮道路,使他们走向黎明。
> ——巴金

第二次世界大战爆发。毕加索一生中已是第二次遇到的对德战争就在眼前,与前次一样,他的许多法国朋友又应征入伍了。由于面临着在画《格尔尼卡》时已完全想到过的空袭的恐怖,毕加索便前往洛昂避难。

这是一个不太显眼的小港口,毕加索在这里又能享受到充足的阳光和海边的清风了。由于行程匆忙,他没有从巴黎带来足够的绘画材料,但是毕加索闲不住,跑遍当地的店铺终于找到了他所需要的东西。第二天他便恢复了唯一能给他一些安慰的活动——工作。陪伴他的是毕加索新认识的女伴,画家多拉·玛尔和他心爱的一只狗。

海滨小居,秋意愁人,毕加索不断地惦念着留在

巴黎的朋友和自己的作品，所以他不断在两地之间往返。但是不幸的消息频频传来，西班牙内战结束还不到一年，毕加索侨居的第二故乡法国被类似征服西班牙共和国的势力打败了，数以千计的难民四处逃避，到后来洛昂也出现了德国兵。从画室的窗口，毕加索能看到戴着圆钢盔的德国士兵以及隆隆作响的坦克、大炮和汽车踏起一路的尘土。他一边看、一边对朋友说:"实质上,他们非常愚笨,所有这些部队,这些枪械,来到这里的那种强横和喧嚣,我们来这里时并不这样吵闹吗!"

当然,毕加索的幽默阻挡不了敌人的脚步,他唯一可行的就是画画,这时在许多写生本上的画稿所表现的激动程度不亚于《格尔尼卡》。《坐着梳发的女人》《洛昂的咖啡馆》里充满了忧郁和愤慨。

战争进行得很快,德军占领了巴黎以及法国的大部分国土后与法国伪政权签订了停战协议。毕加索谢绝了美国和墨西哥的邀请,毅然回到巴黎。在这里,他也拒绝了德国妄图笼络自己的种种建议,比如到德国旅游、战时额外的生活补助等等。

法国被占领期间，毕加索的作品是被禁止公开展示的，同时对毕加索的攻击也一浪高过一浪。耐人寻味的是，这些攻击不是来自纳粹而是来自投敌的法奸评论家们。他们高喊着"把毕加索赶进疯人院"的流行口号。

毕加索镇静如常，盖世太保的搜查、纳粹批评家和官员的来访，都吓不倒他。一次，一个喜欢刨根问底的纳粹官员看见桌子上摆放着一张《格尔尼卡》的照片，问道："这是你的杰作？"毕加索沉默少许，盯着他回答道："不，……是你们的杰作。"这一问一答的精彩反驳至今闻名于世。而对另外一些别有用心的来访者，他总是把印有《格尔尼卡》照片的明信片分送给他们，再说："拿去吧！纪念品！纪念品！"

整个二战期间，巴黎的文化活动减慢了发展的速度，许多艺术家茫然不知所措。毕加索却津津有味地冲破限制活动与缺乏食品的困扰把他的机智幽默显露出来。除了画画，毕加索又恢复了作家的姿态，写诗还写剧本。据说，那是1941年1月14日，他精神饱满地画了一天后，接着在又冷又长的夜晚，拿出一本旧练习簿做了一件令所有人大吃一惊的事。他有条不紊地先写下了标题《尾巴捕获到的愿望》，接着用钢笔画了一幅自己的肖像作为卷首插图——作者坐在桌前，

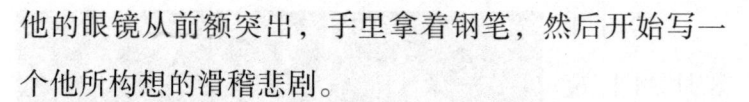

他的眼镜从前额突出，手里拿着钢笔，然后开始写一个他所构想的滑稽悲剧。

剧中所有角色都以当时人们所缺乏的食品以及与战时相关的东西冠名，比如："大脚""洋葱""果馅饼""胖忧虑""瘦忧虑""汪汪""沉寂"和一些"幕"。这些奇怪的角色所考虑的事情集中在三件事上——饥饿、寒冷以及永世不灭的爱情。他们的对话常常含有诗歌式的隐喻，有时又有些粗暴与鄙俗。剧中以爱情和欢宴为中心的活动总是不可避免地由希望走向失望。

17日，毕加索在最后一幕的底下画了一条线，并写下"剧终"的字样。目睹这一剧本的朋友们为其中妙不可言的幽默拍案叫绝。就在这年春天，他们冒着极大的危险"演出"了这台话剧。演出非常精彩，人们认为在沦陷的巴黎没有比这件事更让人觉得有趣而有意义了。（据记载，战后该剧曾在伦敦演出）。当晚他们又举行了一次秘密聚会，大家都为《尾巴捕获到的愿望》能够给愚蠢的巴黎统治者以侮辱而兴奋不已。

之后的几年里，毕加索就在这样的艰辛与乐观中画了很多人物肖像、静物画，同时重新热衷于雕塑。《多拉·玛尔的肖像》《静物与公牛头》《孩子与鸽子》以及雕塑《人与绵羊》都是这个时期的作品。

1944年8月24日凌晨，整个巴黎被猛烈的炮火声惊醒，成百上万双眼睛透过自己家的窗户看到那些当年神气十足的德国兵正从屋顶上一个个被远处射来的子弹击中。人们意识到巴黎解放的日子来临了。这天，毕加索的朋友们都蹑手蹑脚地来到位于市中心毕加索的住宅告诉他战争的进程。爆炸声和炮火声震动着画室的每一个部分，毕加索依然全神贯注地画着《牧羊神的胜利》，田园牧歌式的背景与遵守礼仪者及放纵精神和他此时的心情十分相符。和着此时听来就像礼炮的爆炸声，毕加索的右手挥舞着画笔，左手不停地打着拍子引吭高歌！

自动冲锋枪的声音刚一停息，在盟军中服役的朋友便进驻巴黎，在战争中他们听不到毕加索的消息。

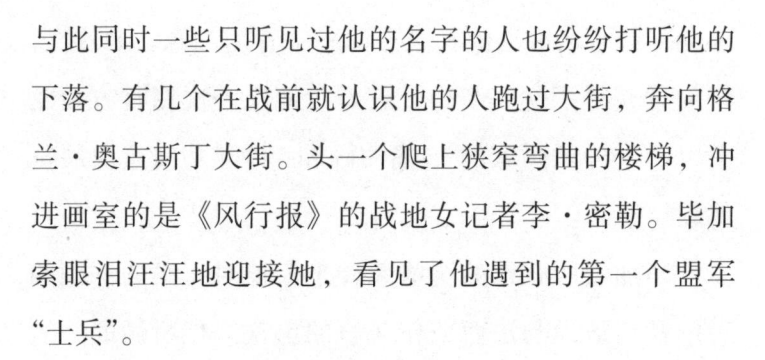

与此同时一些只听见过他的名字的人也纷纷打听他的下落。有几个在战前就认识他的人跑过大街，奔向格兰·奥古斯丁大街。头一个爬上狭窄弯曲的楼梯，冲进画室的是《风行报》的战地女记者李·密勒。毕加索眼泪汪汪地迎接她，看见了他遇到的第一个盟军"士兵"。

随后的几天，每天都有不少人涌来，热切地告诉毕加索有关他的朋友们存亡的消息，而更多的人只是想看他一眼，向他表示敬意。他们把这位伟大画家经过战争风险而幸存下来的现实看成胜利的象征，为此他们感到无比骄傲。

毕加索精力旺盛，被穿着各样制服的人们所包围，他们讲法语、西班牙语或者别扭的带着浓重美国或英国腔调的什么语言。那几个月里毕加索给成千上万的人留下的印象是：稳稳地站在那里，嘴里叼着不断冒烟的香烟，从他的黑眼睛、他的声音、姿势和好奇的微笑里显示着永不衰老的生命力。即使对美术不甚理解的敬慕者，他也从不让他们失望，请他们到楼上的画室。

巴黎解放后6个星期，"秋季沙龙"重新开幕了。经过4年独居生活的毕加索放弃了以前拒绝参展的想法，拿出了自己的许多作品。按照传统，沙龙每次都

要为一位著名的法国画家开辟一个专用画廊。而这次，毕加索获得了这一荣誉，破天荒地头一次在官方沙龙上以一个外国画家的75幅油画和5件雕塑使这次展览辉煌异常。

毕加索所获得的这些荣誉来自他对正义的深刻的理解和勇敢地与法西斯作斗争的勇气。他所做的一切为和平而努力的行动始终为法国共产党所关注。1944年10月15日，经作家埃鲁阿德和阿拉贡介绍，一向很少参与政治活动的毕加索加入法国共产党，当天的《人道报》当即报道了这一消息。随后，毕加索在同一张报纸上发表了《我为什么加入共产党》的声明，他说：

"加入共产党是我整个生活和全部工作的必然结果。我引以自豪的是，我从不把绘画看成

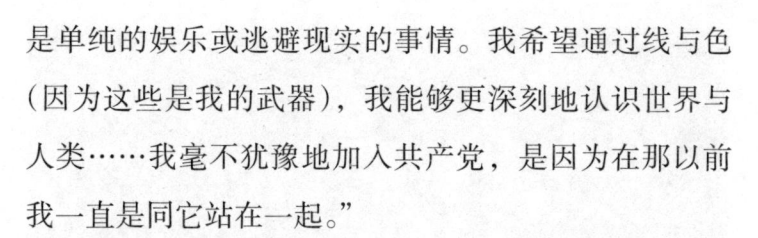

是单纯的娱乐或逃避现实的事情。我希望通过线与色（因为这些是我的武器），我能够更深刻地认识世界与人类……我毫不犹豫地加入共产党，是因为在那以前我一直是同它站在一起。"

这份声明很快传遍全世界，慕名而来的人有增无减。美国著名作家海明威是其中首当其冲者。当他随美军路过巴黎时曾来探望毕加索，但他不巧没有见到这位画家，他托看门人转送给毕加索一份礼物——一箱手榴弹，留作纪念。海明威的礼物是意味深长的，在他眼里毕加索是一位拿着画笔的反法西斯战士。

随着战争胜利后狂热气氛趋于平静，毕加索再次想念起6年前最后一次去过的地中海。他设法离开巴黎，去享受他的海浪与阳光。在这里，世界重又恢复往日的温馨，毕加索的画中也充满了优雅与安详。他的油画《安提贝斯夜钓》《乌兰西斯和三美女》以及他所制的陶器在人们中间广泛流传。

唯一令毕加索不满的是虽然在多拉·玛尔之后，他和弗兰丝娃生了一个儿子克劳特和一个女儿巴洛玛（在西班牙语是"鸽子"的意思）。但是他和奥尔佳仍然保持着夫妻名义。按照法国法律，婚姻中双方都涉及的是外国人，一切事宜都按丈夫一国的法律解决，而在西班牙，佛朗哥夺取政权后规定，凡西班牙国民

在教堂举行婚礼后,永远不得离婚。这样奥尔佳与毕加索只能分居而无法在法律上履行离婚手续。

带着这样的遗憾,毕加索自从加入共产党之后,就热情地投入到社会活动之中,为二战结束后接踵而至的"冷战"所导致的各种冲突的解决而努力。1949年8月24日,他应苏联作家伊利亚·爱伦堡之邀,前往波兰的华沙参加世界和平大会,临行前一天法国内政部颁发给他一枚"法国文艺复兴勋章"。在波兰的两

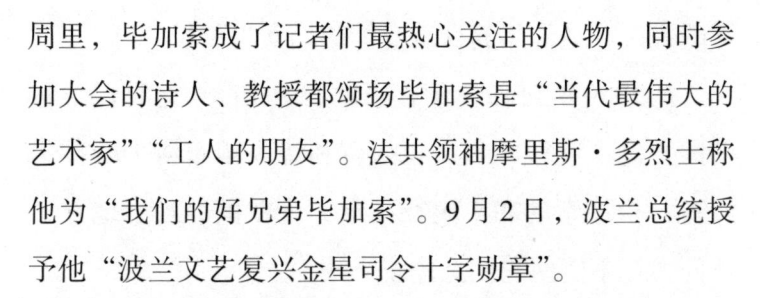

周里，毕加索成了记者们最热心关注的人物，同时参加大会的诗人、教授都颂扬毕加索是"当代最伟大的艺术家""工人的朋友"。法共领袖摩里斯·多烈士称他为"我们的好兄弟毕加索"。9月2日，波兰总统授予他"波兰文艺复兴金星司令十字勋章"。

回到巴黎后，雕刻家米歇尔·西马给毕加索送来了一只猫头鹰做纪念。毕加索一向很喜欢动物，他的家里经常有许多动物出没，而这些动物无一例外地成了他笔下的创作内容。这次，当看到这只凶恶的猫头鹰后，激发了他的灵感。他回忆起小时候家乡马拉加梅尔塞德广场上安详而悠然自得的鸽群，欣然创作了为后世人所共知的《和平鸽》。

毕加索的这张画是石版画。"和平鸽"的羽毛油然生光，黑色的背景使白色的羽毛显得更加纯洁可爱。这张画立即被翻印成千百万张，发行到全世界各个地方。

接着毕加索于1950年7月为伦敦世界和平大会画了《飞着的鸽子》。

同年，朝鲜半岛战火又起，毕加索愤怒地谴责美国的残酷手段，画了《在朝鲜的残杀》图中的屠杀者是一群机器人的形象，它象征着"武装到牙齿"的以美国为首的所谓联合国部队。左边被屠杀的是一群和

平的人民，他们是赤裸着身体的妇女与孩子。

从1949年到1953年，毕加索的作品中这种保卫和平的主题一直很明显，正如智利诗人帕布洛·聂鲁达所写：毕加索的和平鸽在飞翔／飞在世界各个地方／任何力量不能使它们／停止飞翔。

1952年，毕加索接受了法国南部瓦洛利斯镇教堂的请求，为该教堂画了《和平》与《战争》的壁画。为了完成这幅壁画，毕加索从4月到9月，共画了233幅习作与素描。当壁画完成时，在教堂两边的墙壁上《战争》与《和平》是一个完整的整体。所以《和平》顶端象征着光明的太阳并不在画的正中央，而是在观看者的头上。

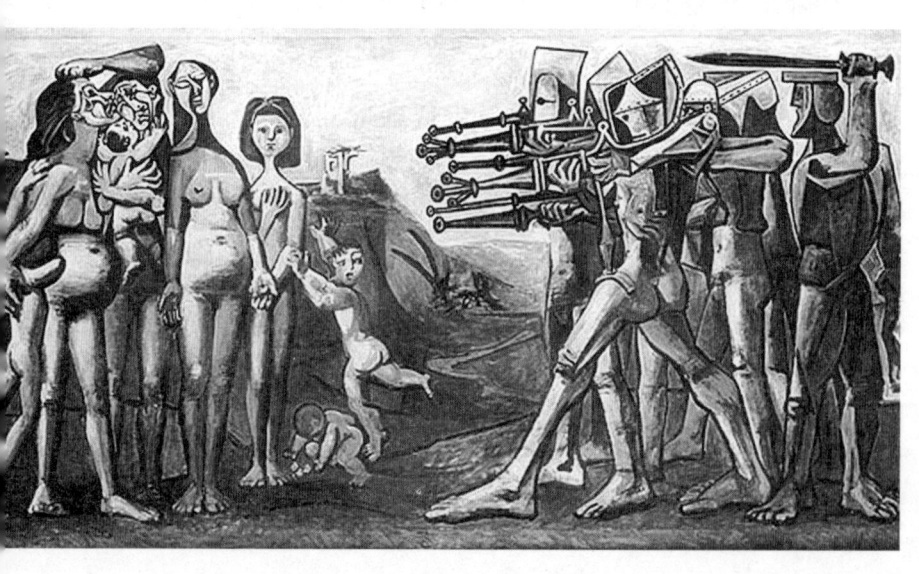

← 在朝鲜的残杀

晚年

> 节省时间,也就是使一个人的有限的生命更加有效,而也即等于延长了人的生命。
>
> ——鲁迅

1953年到1973年这20年间是毕加索的晚年,和许多同龄人来比,他的晚年似乎更长而且更健康一些。他任何时候不停止工作,所以他的激情总是促使他做出一些离奇的事情。

毕加索72岁那年,弗兰丝娃开始与毕加索疏远,经过几次激烈的争吵之后,毕加索离她而去,取而代之的是模特儿佳克林·洛克。佳克林是一位离了婚的寡妇,身边还带着一个4岁的女孩子。她是毕加索一生中最后一个情人,在奥尔佳去世后,于1961年她与毕加索正式举行婚礼结为夫妻。在毕加索最后20年中她一直陪伴在他的身边。

1953年还有一件重大的事情是斯大林逝世。第二天,阿拉贡打电话请毕加索为斯大林画像。但是毕加

索并没有见过斯大林,他只好从旧杂志上找出一张斯大林40岁时的照片来作画。画毕后,画中的人物并不像斯大林本人,此事引起了不小的风波,法国共产党内有些人对毕加索表示不满。毕加索对此的解释是:"我的画可能是好的,也可能是不大好的,或者甚至是很坏的。但我画这幅画的意图是很简单的:就是有人

不断超越的艺术大师　毕加索

要我画这么一幅像,我就画了。"

1954年让毕加索更痛苦的是他的许多朋友相继去世后,马蒂斯也随之而去。他的心境十分凄凉,十分怀念与老友们谈笑风生地度过的每一个晚上。为此他学习马蒂斯晚年时的做法,先后模仿委拉斯贵兹和德拉克罗瓦的《阿尔及利亚女人》以及莫奈的《草地上的午餐》等名作,完成了许多同名的作品。

就在这时,发生了一件令毕加索感到十分有趣的事儿。著名制片商乔治·克鲁建议毕加索协助他完成一部反映毕加索成长历程的电影《毕加索的秘密》。在这之前,已经有过几部关于他的电影,第一部是《格尔尼卡》,第二部是《从雷诺阿到毕加索》,但这两部影片由于某些原因拍得并不精彩。而这一次是一部彩色长片,毕加索一本正经地答应了。

其实毕加索本人在他广泛的兴趣中也曾以小规模尝试过拍电影。他使用的是用纸剪成的动物和人物,并以彩色粉笔把它们画得活灵活现,但是寡言而谦虚的毕加索的这些成果从未公之于众。这次轮到他当主角了,他每天不得不一大清早起床赶到电影厂。在那儿,他竟然耐着性子,坚持在那种"使户外的太阳显得像冰洲一般"的炎炎烈日下工作。而且随着时间的进程,他越来越感兴趣,配合得很到家,例如每画好

文学艺术家卷　083

一笔，总要停下来等着拍照，要重新动笔时，总要提前打声招呼。使在场的人们无不为这位7旬老人精彩的表演而喝彩。

这部电影第二年春天在坎城电影节上公开放映。开幕式前毕加索因为心情不好决定不去参加。而就在

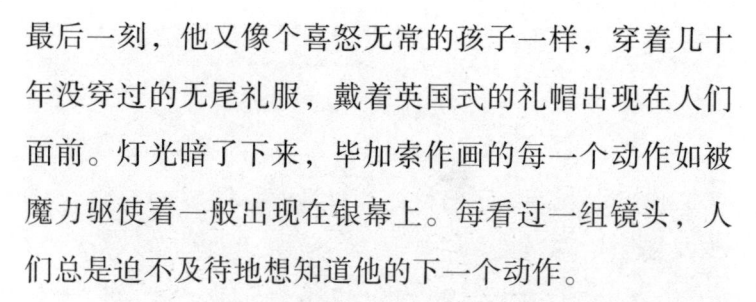

最后一刻，他又像个喜怒无常的孩子一样，穿着几十年没穿过的无尾礼服，戴着英国式的礼帽出现在人们面前。灯光暗了下来，毕加索作画的每一个动作如被魔力驱使着一般出现在银幕上。每看过一组镜头，人们总是迫不及待地想知道他的下一个动作。

当然，这些只是毕加索一时的兴趣，是在他澎湃的思想中溅起的一朵浪花，更重要的是他继续在绘画，通宵工作。他曾坦白地说："最糟糕的事情是永远结束不了。永远都不会有这么一天，在这一天里可以说'我已经完成了自己的工作'或说'明天是星期天'。一旦你工作结束的时候，便意味着你必须重新开始新的工作。……你永远都不能写'结束'这两个字。"

这是毕加索几十年来的生活态度。也许他意识到了自己的衰老，更是笔耕不辍，他的妻子、儿女、朋友，他所听到和看到的各种事物都成了他创作的题材。而且他的灵感总是那么敏锐，经他手碰过的东西一瞬之间便会变成神奇的东西。到现在为止，不知有多少人毫无感动地吃过鱼，然而从没人想到过要把吃剩的鱼骨模样烧在盘子上当作装饰品，但毕加索却在吃鱼的瞬间产生了这个想法。

1957年，毕加索75岁寿辰的时候，纽约、芝加哥、费城先后举行了盛大的"毕加索75寿辰展览会"。

同一年夏天，他开始为联合国在巴黎的办公大厦创作大型壁画。壁画以希腊神话中传说人物伊加露斯为主人公，据说他用蜡做的翅膀在天空中飞翔、飞近太阳时蜡翼融化，以致坠海而死。毕加索用这种寓言式的内容暗示人类固有的生命力及精神终将战胜一切威胁人类安全的邪恶势力。在技法上毕加索以儿童画的技巧画成，这使这幅画更有其深邃的内涵。

　　1961年，在毕加索80寿辰的时候，纽约现代艺术馆再次举行盛大的展览，时间从5月14日持续到9月18日。而在他所居住的瓦洛利市则举行了盛大的集会。毕加索徒步走在两个骑摩托的警察后面，沿街的市民

向他欢呼。政党人物、官员和艺术界的许多知名人士参加。在一座通常存放茉莉花、橘子和香橙的大花房里，展出了30幅代表毕加索各个时期的作品。当有人赞扬他和他的作品一样保持着饱满的青春时，他幽默地指着他的画说："也许我们是在互相模仿吧！"还有一天在机场送客人时，他对着客人说："有人常问我做出了一些什么贡献。你看，没有立体主义，这个机场不会是现在这个样子！"在场的人听了都发出了钦佩的笑声。

毕加索越到晚年越怀念自己的祖国西班牙。当他听说巴塞罗那要筹建一个毕加索博物馆时，他的心情异常激动，他当即表示全力支持。1963年，毕加索博物馆正式落成。开馆前夕，负责筹建工作的负责人多次访问毕加索，同他商讨馆内的陈设与展览秩序。毕加索十分仔细地同他们讨论哪些作品放在哪个房间的哪个地方；哪些要挂原作，哪些可以挂复制品。

使毕加索更为高兴的是，几十年来一直保持着亲密关系的朋友沙巴德被任命为毕加索博物馆的名誉馆长。毕加索语重心长地对沙巴德说："只有你才能去赴任，而我却不能。"毕加索痛恨佛朗哥政权，所以使他一直没有机会回国担任曾被任命的当年父亲带他参观过的普拉多博物馆馆长一职。

这一时期毕加索的主要作品有《萨宾妇女被抢——仿大卫》，以及著名的《画家和他的模特儿》。这些作品依然是根据前辈大师的形象而创作的。值得一提的是《画家与他的模特儿》，这幅画显然是受到了伦布朗《浴者》的启发，在1965年的三四两个月份中，毕加索连续画了35幅《画家和他的模特儿》。画上的画家是已届暮年的老者，秃顶但神色严肃，努力寻找着转瞬即逝的生活现实，和现实展开无休无止的斗争。毕加索在这里试图在解释绘画艺术本身——首先，画家虽然在不同的外表下画画，但是他自始至终拿着调色板，站在画架前，变化的只是模特儿。在这里毕加索告诉人们的是作为画家一定要"说"出发生的事情，不要脱离现实；第二，模特儿的形状飘忽不定，有的甚至是模糊和苍白的。这是毕加索在创造立体主义时就总结出来的观点、绘画不是纯粹写实，而要努力洞察物像的内部。毕加索在《画家与他的模特儿》中，就是如此认真而形象地阐述了艺术创作中主客观的辩证关系。

　　1966年毕加索85岁生日时，事态发生了变化。世界各地的许多城市都举行毕加索作品展。而法国政府则在前一年就打算公开主持庆祝活动。法国现代艺术博物馆馆长让·雷马里埃为了使这个展览能展现毕加索创作过程的全貌，远渡重洋，亲赴美国，同美国现代艺术博物馆协商，把两次大战期间以及其他时间流落到这里的《亚威农的少女》《安提贝斯夜钓》等名画带回法国。同时他又远赴英国、苏联、捷克斯洛伐克、荷兰、西班牙、比利时、瑞典、瑞士等国借来大量作品，其数量远远超过预计数量。因此原来决定只在巴黎大艺术宫举办的这次画展，不得不扩展到小艺术宫：把284幅绘画陈列在大宫，把205幅素描、508件陶瓷艺术品和392件雕塑陈列在小艺术宫。到1967年2月画展闭幕时，观众总计达85万人次，盛况空前。在1966年10月19日的开幕式上，法国文化部部长安德烈·马尔罗亲自主持了这次活动。他在讲话中称赞毕加索的工作是"最伟大的创举，它破坏和创造了我们这个时代的、也许是千秋万代的物体的形。"

而此时毕加索又像从前一样没有参观自己的画展。这一天他的桌子上堆满了全世界各地飞来的贺电和贺信以及展览会的陈列照片。午饭后，他把这些东西收拾起来，一直工作到午夜。

《画家和他的模特儿》之后，毕加索转向了对荷枪实弹的士兵的描绘，但就这个主题，毕加索没有创作出成品。其中主要原因是多年前与他同住的一位朋友于1914年写的一本书《同毕加索生活在一起》于1965年出了法文本后，毕加索认为这本书把他青年时代的私事和盘托出，像一个漫画把他画成一个可笑又可憎的人物。所以他的心情一直不很好，继而像个孩子似的怒不可遏。佳克林曾试图阻止它继续发行，他徒劳无益，最后双方对簿公堂，以毕加索败诉而告终。

这种事情在84岁高龄的毕加索心上留下了不小的伤痕。好在儿子保罗已经给他生了个孙子。孙子取了和爷爷同样的名字"帕布洛"。同时远在西班牙的玛雅以及克劳特等人常常聚集在毕加索的身边，使毕加索偶尔能从沮丧中享受到天伦之乐。

但是任何情绪都挡不住他工作的欲望，士兵之外，他又经常描绘早年爱画的马戏团的人物、画家，吹奏乐器者以及裸体。这在1969年、1970年达到高潮，13个月里他创作了165幅作品。

1970年以后，毕加索决定把散存在西班牙各地亲属中的全部作品送给巴塞罗那毕加索博物馆，其中包括当时已价值连城的82幅油画和702幅（件）其他艺术品。此外还有17本素描册，4册附有大量边画的书以及5件具有纪念意义的实物。

　　接着，巴塞罗那毕加索博物馆馆长亲自到法国访问毕加索，把毕加索家里所有具有纪念意义的东西都拍摄下来。毕加索看到这一切非常高兴。他站在自家的花园里，沐浴着温暖的阳光，神情格外地愉快。但是，当这位馆长问毕加索何时能回到自己的祖国时，他的脸立即阴沉下来。他为祖国在佛朗哥独裁统治之下而感到伤心，他心里十分清楚，只要佛朗哥政权存在，他就回不了朝思暮想的祖国。馆长随后问："佛朗哥死后呢？"毕加索依然阴沉着脸，说：

"代替他的将是另外一个同样顽固的将军。"

1971年10月25日，毕加索静悄悄地度过了他的90岁寿辰。他还从法国政府那儿得到了一份特殊的生日礼物：总统本人将亲自为在卢浮宫大画廊展出的8幅毕加索的画揭幕。

法国政府决定从国立美术馆取出毕加索的8幅作品在卢浮宫大展览馆展出。原来在卢浮宫大展馆里占据"荣誉画坛"地位的好几位18世纪名画家的名作给毕加索让位10天。法国总统蓬皮杜亲自为展览会剪彩，并发表演说："毕加索是一座火山。不管他是在画一张妇女的脸，还是一个丑角，他始终充满了激情。"生日当天，巴黎市政府授予他这个在巴黎生活了80年的外国人以"荣誉市民"的称号。

毕加索的祖国则借此机会，举行群众集会和学术报告，高呼"毕加索！自由！毕加索！自由！"的口号，愤怒抗议佛朗哥政权的独裁统治，许多人因此遭捕甚至判刑。但在巴塞罗那市，则由市长亲自主持，在毕加索生日那天由《世界》周刊出面组织午餐会，并给毕加索发去一份贺电，称他为"1971年最杰出的西班牙人"。

米格尔，你可能死在牛角之下。但是你所希望的结局还有什么比这更好呢？而我所向往的，又有什么

比执笔作画的当儿跌倒在地上一命归天心安理得呢？当一个人懂得了怎样做某项工作的时候，他若停住不做，那他就算不上一个人。这是年逾9旬的毕加索在回答自己的同胞斗牛士米格尔关于自己是否继续作画时的话。毕加索这样教导别人，也如约守卫着自己的诺言。1971年后他的画展更为频繁，他曾同夫人佳克林到波普市亚威农广场参观过一次自己的画展。同时，还答应再送去201幅画用于第二次展览。

但是，自1973年3月初起，一直很健壮的毕加索倒在了病床上。全世界各地的电话打到他晚年一直居住的牟晨市，佳克林对他们的回答一律是："毕加索并没有停止工作。"

苏格拉底曾经教导我们，应该每天都"练习死亡"，以人生之大限衡量每日之小死。毕加索则日日夜夜，马不停蹄地练习自欺欺人，练习蔑视死亡。绝望的他就像抓救命稻草那样，紧紧地抓住画家的身份。对他而言，画家的身份不仅是他对抗死亡的盾牌、围墙、护身符，更是他的全部。"我的状态每况愈下，一日不如一日，"在为数不多的几次清醒的时候，他曾经这样说过，可是，他决不会让这种想法破坏他的防线："我必须工作……我必须画下去。"

1973年4月8日星期日下午3点，法国电视台，紧接着全世界各地新闻媒体宣布了毕加索逝世的消息。

新闻记者潮水般涌到毕加索寓所的门口，只听见守门人在说："他每天都在花园里散步，我给他送去秋牡丹和三色紫罗兰，因为他很喜欢它们。但今天早晨，我的妻子跑来哭着说：'毕加索先生去世了！'"

毕加索去世前画的最后一张画是《带剑的男人》，这是几个星期前他一直在构思的题目。

毕加索的去世很突然，之前几乎没有征兆，逝世前一天晚上，他还同佳克林以及他们的公证人安特比一起吃饭。11点时他说："我不喝了，我必须工作。"就去了楼上画室。凌晨3点钟上床休息，第二天醒来时便无法下床。佳克林立即叫来家庭医生给他打了一

针镇静剂，然后打电话请巴黎的一位心脏病专家来诊治。专家来到时，毕加索睡着了，但不时说出一两句话，仿佛是梦呓。心电图显示，两肺都有杂音，而且左肺还大面积充血，情况十分危险。他的心和肺在迅速地衰竭。他想说话，可是那口气却总也提不上来。他的话随着急促的喘息散播到空气中，听起来更像是在哀号，很难听懂。在接下来的两个小时里，他的呼吸出现痉挛，可他仍挣扎着，使尽一切气力喘息着。11时40分，毕加索的心脏停止了跳动。

　　毕加索曾经预言："我的死亡，将会成为一次沉船事故，当一艘大船沉没时，船上的人是无法全身而退的，他们将随着大船一起沉没。"

　　他死后，全世界各地的人们沉浸在一片悲痛之中。不论是他的敬慕者还是反对者，都为他祈祷，承认他是天才，是一代开天辟地的大画家。而且他们永远也不能忘记毕加索的一句名言：

　　我不怕死，死亡是一种美。我所怕的是久病而不能工作，那是浪费时间。

张大千会晤毕加索

西方媒体曾把张大千和毕加索赞誉为"分踞中西画坛的巨子"。1956年7月,《张大千近作展》在巴黎卢浮宫美术博物馆举行,法国艺术评论家纷纷指出:"他(张大千)的画与西方画风对照,唯有毕加索堪与比拟。"

然而就在此时,《大公报》发表一篇文章,据张大千介绍其内容:"居然是以毕加索的口气骂我是资本主义的装饰品等。我的习惯是:凡对我捧场奖饰的文章我可以不看,凡对我批评、挖苦我、骂我的文章我倒要仔细看看。看后,我一点也不恼火,有机会倒是要见见毕加索这个人。"不久,张大千听说毕加索将在坎城附近一小镇主持陶器展的开幕式,于是他与毕加索取得联系,由巴黎来到坎城,准备在陶器展会场上与毕加索见面。

当天，张大千如约在展场中等候毕加索。不一会，参观的人群骚动起来，毕加索被观众拥进展场。这时，他看见了一身长袍、满面长髯、与众迥然不同的张大千，但是他并没有主动与张大千打招呼。张大千失望之余不免有些尴尬，显得很生气。张大千的翻译见后，立即带着怒容挤了过去，高声质问毕加索。毕加索做了解释后，便用目光向张大千致歉，随即又被人流挤走了。翻译赶回来对张大千说：毕加索说现场太乱，邀请我们明日中午去他的别墅会谈。

第二天中午，毕加索早早地在家中等候，并一反在家只穿短裤的惯例，身着条纹花色衬衫和长裤、脚

不断超越的艺术大师　**毕加索**

穿皮鞋接待了张大千。张大千入座后，毕加索捧出五大本画册，说是自己学习中国画的习作，请张大千"老老实实不客气地"给他提意见。西画大师竟在暗中自学中国画，张大千不禁大吃一惊。但他发现，毕加索的画多为花卉虫鸟，完全是学齐白石的画风，绘法虽有笔力，但远未达到中国画的"墨分五色"及层次互见的境界。张大千就很委婉地告诉毕加索，他之所以没有分清墨的浓淡，可能是使用的工具不对，随后又约略地谈了些中国画不求形似而重写意的精神。

　　两位大师越谈越投机，都有相见恨晚的感觉。毕加索接二连三地说道："我最不懂的，就是你们中国人何以要跑到巴黎来学艺术""不要说巴黎没有艺术，整个西方的白种人都没有艺术""谈到艺术，第一是你们中国的艺术；其次是日本的艺术，当然，日本的艺术又是源自你们中国；第三是非洲的黑种人有艺术。"

　　午饭后，毕加索将画商拿来的几幅签了其名字的画，请张大千代为鉴定。张大千审视再三，从中挑出两张赝品，毕加索见了不由得钦佩有加。事后张大千颇有些后怕地说："幸亏侥幸给我们说对了，万一错了，哪个下台"。

　　张大千临别前，向来很少送人画作的毕加索，主动将自己的一幅《西班牙牧神像》赠给张大千夫妇，

不断超越的艺术大师　**毕加索**

并一反常规，在画上亲笔题了款，以示对张大千的尊重和友好。后来，张大千也把自己在巴黎所作的《双竹图》寄赠给毕加索作为回礼，并题款："毕加索老法家一笑，丙申之夏张大千爰。"还送给毕加索一套中国汉代石刻画拓片和几支精制的中国画笔。

对于张大千和毕加索的这次会晤，西方报纸誉之为"艺术界的高峰会议""中西艺术史上值得纪念的年代"。

毕加索逸闻趣事

冒牌货

一个贩卖艺术品的商人买到一幅签有毕加索名字的画,想证实一下这幅画的真伪,没想到毕加索瞥了一眼就说道:"这是冒牌货!"不久,商人找到一幅画家的真迹来问毕加索,结果毕加索还是回答说是冒牌货。"可是,先生,"商人急着说道,"这幅画是您不久前画的,当时我在场!"毕加索耸耸肩说:"我自己有时也画冒牌货。"

宽大为怀

毕加索对冒充他的作品的假画从不追究,看到有伪造他的画时,最多只把伪造的签名涂掉。"我为什么要小题大做呢?"毕加索说。"做假画的人不是穷画家

不断超越的艺术大师　**毕加索**

就是老朋友。我不能为难老朋友,而且那些鉴定真迹的专家也要吃饭,再说我也没吃什么亏。"

左撇子斗牛士

毕加索18岁时,创作了自己的第一幅铜版画。这幅画描绘的是一名英姿飒爽的斗牛士。不过,他没想

到，真正的图像在印刷时必须是左右易位的。所以，当他看到一个左手持着长矛的斗牛士时，不禁大吃一惊。为了保留这幅铜版画，他将这幅铜版画命名为"左撇子"。

奇　迹

有人问毕加索，在他的心目中美术圈里是否有奇迹。"有，"毕加索回答道，"列宾就是一个奇迹！""你真的这样崇拜列宾吗？""那倒未必。我只是说，列宾一生只做过两千幅画；但现在世界上保存的列宾的作品竟远远超过了这个数，这不是奇迹吗？"

买不起自己的画

毕加索的绘画在他有生之年就被收藏家们以高价收买。一次好友来到毕加索家里做客时，发现墙上挂着的全是别人的作品，而自己的画却一幅也没有。"为什么，"有人问，"难道你不喜欢自己的画吗？""不，"画家说，"我非常喜欢，不过它们太贵了，我买不起。"

画　贼

有一个人闯入毕加索家行窃。当小偷准备离开时，毕加索的女管家发现了他，并随手抓起铅笔把小偷的

不断超越的艺术大师 **毕加索**

形象画了下来。这时毕加索在阳台上休息,看见跑出来的小偷,也顺手把小偷的样子画了下来。画家与女管家一同去警察局报案,并交上他们的速写画。照女管家画的形象,小偷很快就被抓到了。按照毕加索的画去抓人,竟有不少人被带到警察局。

真　实

有一次，在巴黎，他和一位美国士兵谈起了绘画。士兵坦率地告诉毕加索，他不喜欢现代画，因为他们不真实。毕加索听后没说什么。几分钟后，这位士兵拿出他女朋友的照片来给毕加索看。毕加索拿在手里故作惊讶地说："天哪，难道她就这么一点点大吗？"

和　谐

和毕加索的朋友有一次问毕加索："为什么在你的大壁画《和平》上，鱼在鸟笼子里，鸟反而在鱼缸里呢？"毕加索回答说："这是对无限可能性的一种肯定。"

出色的军事家

1917年，斯特拉文斯基访问罗马和那不勒斯。在这次旅行中，他结识了西班牙大画家毕加索。一经交谈，两人很快结为密友。临别时，毕加索特意为斯特拉文斯基画了一幅他的肖像画，以做留念。

可是，就在斯特拉文斯基回瑞士时，海关人员检查行李，发现了皮箱里这张很奇怪的文件。

"这上面画的是什么？"海关人员取出"文件"，

不断超越的艺术大师　**毕加索**

用警觉的眼光盯着斯特拉文斯基。

"毕加索给我的肖像画。"斯特拉文斯基非常坦然又自豪地回答道。

"不可能。这是平面图。"

"对了！是我的脸的平面图。"

然而，无论斯特拉文斯基怎么解释、说明，认真

负责的海关还是把画给没收了，认定这是某个战略工事的经过伪装的平面图。这件事传到毕加索耳里，毕加索笑着说："这样看来，毕加索不仅仅是个糟糕的肖像画家，还是个出色的军事家。"

不让洗澡了

一次，西班牙著名画家毕加索在法国海滨游玩，一个小男孩拿着一张纸朝他走来，要画家亲笔给他画一幅画。毕加索想了一会儿，便把纸撕了。他拿出几支彩色蜡笔在孩子的胸口和背上画了一些图案，并签上了自己的名字。

他对朋友说："这孩子的父母亲，大概再也不会让他洗澡了。"

感　想

一次，大画家毕加索在巴黎参加一个世界性的同时代画家的画展。参观后，主办人问他有何印象与感想。毕加索不假思索地答道："我觉得，世上的人绝不像他们画的那样坏。"

前　卫

毕加索漫长的一生都在不倦地、无畏地探索，因

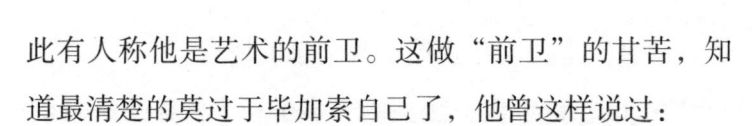

此有人称他是艺术的前卫。这做"前卫"的甘苦,知道最清楚的莫过于毕加索自己了,他曾这样说过:

"前卫受到的从后边来的攻击要比从前边来的多得多。"

拒绝"毕加索第二"

维克托是位法国画家,他父亲是位外交官,与大画家毕加索是好朋友。维克托从小喜欢画画,他14岁那年,父亲带他去见毕加索。父亲想让这位大画家收儿子为徒。可是,毕加索看了维克托的画后,当即拒绝了!

"你想让他做一个真正的画家,还是做一个毕加索第二?"毕加索问。

"我想让他像您那样成为一个真正的画家!"外交官答。

"假若是这样的话,你就把他立即领回去!"毕加索回答。

40年后,维克托的画第一次进入苏富比拍卖行,一幅画拍到160万英镑。虽然他的画价只有毕加索的几十分之一,但他仍非常高兴。

有一次,记者采访他。他感慨地说:"毕加索不愧为真正的大艺术家,他知道收徒就是抹杀那个人的天性。我真庆幸他当年拒绝了我父亲的请求。"

20世纪80年代，法国画界多了一个流派——视幻艺术派，代表人物为维克托。

毕加索与鲁宾斯坦

音乐家鲁宾斯坦经常到好友画家毕加索的画室看他画画。一次，鲁宾斯坦在好几个月内看到毕加索不断地在画同样的东西。背景是阳台的铁栏杆，近景是一张桌子、一瓶葡萄酒、一把吉他。

当毕加索画了将近五十幅同样的作品后，鲁宾斯坦不耐烦地问："每天都描绘同样的静物，难道你不厌倦吗？"

毕加索反问道："你不觉得自己在说废话？难道你不知道，每一分钟都是不同的我，每一个钟头都有新的光线，每天虽然看同一瓶酒，但我可以从中看到不同的个性，看到不同的酒瓶，不一样的桌子，不同的世界里的不同的生命！在我的眼睛里，这一切都是不同的。"从此以后，鲁宾斯坦在重复弹一首歌时，皆可弹出不同的韵味。

主要生平

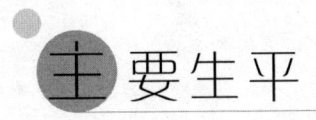

1881—1900年童年时期

1881年10月25日毕加索出生于西班牙南部的马拉加；

1889年完成第一件油画作品《斗牛士》。

1895年进入巴塞罗那的隆哈美术学校。

1897年进入马德里的皇家圣费南多美术学院就读，油画作品《科学与慈善》获马德里全国美展荣誉奖，后来又在马拉加得到金牌奖。

1900—1903年蓝色时期

1902年完成"蓝色自画像"。

1903年完成《人生》，以浓郁的蓝色调表示贫老与孤独的苦难。

1904—1906年玫瑰时期

1904年开始定居巴黎的"洗衣舫"，玫瑰时期开始。邂逅费尔南德·奥利维叶，并同居。

1905年创作《拿烟斗的男孩》并被慈善家约翰·海惠特尼女士以3万美元重金购得。

← 拿烟斗的男孩

1906年结识野兽派大师马蒂斯，为美国作家兼收藏家葛楚·斯坦因画像，《斯坦因画像》是毕加索从"玫瑰时期"跃入"立体主义"的跳板。

1907—1916年立体主义时期

1907年结识布拉克，开始立体派风格创作，创作《亚威农少女》。

1909年解析立体派开始；创作《费尔南德头像》。

1917—1924年古典时期

1917年在意大利邂逅舞者奥尔佳·柯克洛娃，创作《奥尔佳的肖像》。

1918年与奥尔佳结婚，与马蒂斯举行联展。

不断超越的艺术大师　**毕加索**

1920年手工彩绘珂罗版《三角帽》。

1922年创作《海边奔跑的两个女人》。

1925—1932年超现实主义时期

1927年邂逅年仅17岁的玛丽·德列丝·沃尔特，成为毕加索的模特。并生下女儿玛雅。

1929年与雕塑家贡萨列斯一起创作雕塑和铁线结构成。创作系列以女人头像为题的攻击性画作，显现婚姻危机。

1932—1945年蜕变时期

1932年创作《红色扶手椅中的女人》。

1933年以雕塑家工作室为题，创作蚀版画。

1934年创作以斗牛为题的作品。

1936年西班牙内战暴发。认识多拉·玛尔，并创作《多拉·玛尔的肖像》。

1937年创作完成《格尔尼卡》。

文学艺术家卷

1942年创作版画《大自然的故事》。

1943年邂逅22岁的弗兰丝娃·吉洛。

1944年加入法国共产党。

1945年开始尝试石版画创作。

1946—1973年田园时期

1947年儿子克劳特降生。在陶艺家哈米耶工作室制陶，至1948年共创作了2000件陶艺术品。

1948年为世界和平会议作"和平之鸽"海报和《贡戈拉的二十首诗》。

1949年创作《卡门》系列。

1950年获列宁和平奖章。

1953年在玛都拉陶艺工作坊邂逅佳克林·洛克。

1954年开始创作德拉克罗瓦的"阿尔及利亚女人"变奏系列。

1956年与克鲁共同拍摄电影《毕加索的秘密》公映。

1957年在纽约现代艺术馆举办"毕加索75岁纪念展",创作版画《斗牛系列》。

1958年毕加索为设在巴黎的联合国教科文总部大厦创作了壁画《伊加露斯的坠落》。

1959年创作仿莫奈《草地上的午餐》变奏系列。

1961年与35岁的佳克林·洛克结婚,并庆祝毕加索80大寿。

1963年绘制《画家和他的模特儿》。

1966年巴黎大皇宫及小皇宫举办大型《毕加索回顾展》。创作《流沙系列》。

1968年创作《塞莱斯蒂纳》和《可笑的男人》系列版画。

1970年把西班牙家中保存的近2000件早期作品捐赠给巴塞罗那毕加索美术馆。

1971年巴黎国立现代艺术馆举办了《毕加索诞生90同年回顾展》。

1973年92岁,4月8日逝世于坎城附近的牟晨市。4月10日葬于佛文纳菊别墅花园里。

PABLO PICASSO
MALARZ